Über „dumme Bürger" und „feige Politiker"

Christian Boeser · Karin B. Schnebel

Über „dumme Bürger" und „feige Politiker"

Streitschrift für mehr Niveau
in politischen Alltagsgesprächen

Dr. phil. Christian Boeser
Universität Augsburg, Deutschland

Dr. phil. Karin B. Schnebel
Universität Passau, Deutschland

ISBN 978-3-658-02322-5   ISBN 978-3-658-02323-2 (eBook)
DOI 10.1007/978-3-658-02323-2

Die Deutsche Nationalbibliothek verzeichnet diese Publikation in der Deutschen Nationalbibliografie; detaillierte bibliografische Daten sind im Internet über http://dnb.d-nb.de abrufbar.

Springer VS
© Springer Fachmedien Wiesbaden 2013
Das Werk einschließlich aller seiner Teile ist urheberrechtlich geschützt. Jede Verwertung, die nicht ausdrücklich vom Urheberrechtsgesetz zugelassen ist, bedarf der vorherigen Zustimmung des Verlags. Das gilt insbesondere für Vervielfältigungen, Bearbeitungen, Übersetzungen, Mikroverfilmungen und die Einspeicherung und Verarbeitung in elektronischen Systemen.

Die Wiedergabe von Gebrauchsnamen, Handelsnamen, Warenbezeichnungen usw. in diesem Werk berechtigt auch ohne besondere Kennzeichnung nicht zu der Annahme, dass solche Namen im Sinne der Warenzeichen- und Markenschutz-Gesetzgebung als frei zu betrachten wären und daher von jedermann benutzt werden dürften.

Satz: text plus form, Dresden
Lektorat: Verena Metzger, Stefanie Loyal

Gedruckt auf säurefreiem und chlorfrei gebleichtem Papier

Springer VS ist eine Marke von Springer DE.
Springer DE ist Teil der Fachverlagsgruppe Springer Science+Business Media.
www.springer-vs.de

Für Yoel-Delian, Hanna und Elea-Malou

Inhalt

Einleitung   9

1 Stammtischparolen in politischen Alltagsgesprächen   19
1.1 Verallgemeinernde pauschale Aussagen:
»Alle Politiker sind …«   22
1.2 Sich widersprechende Idealvorstellungen:
»Wir brauchen mehr Einzelfallgerechtigkeit
und weniger Bürokratie«   29
1.3 Unkenntnis: »Die Faulheit der Politiker sieht man
am leeren Plenum …«   35

**2 Von der Politikverdrossenheit
zur Bürgerverdrossenheit**   47
2.1 Feige Politik als Konsequenz der Bestrafung
von Aufrichtigkeit   48
2.2 Politiker auf dem Rückzug   54
2.3 Parteipolitisches Engagement
als leicht perverses Hobby   58

**3 Warum Stammtischparolen so verbreitet sind
und was man dagegen tun kann**   63
3.1 Politik: Verächtlichmachung des politischen Gegners
oder intellektuell spannende Vermittlung   65
3.2 Medien: Politikverachtung als Verkaufsstrategie
oder politische Bildung für Journalisten   69
3.3 Politische Bildung: Missionierung und Anbiederung
oder Konfrontation und Moderation   73
3.4 Bürger: Öffentliches als Belastung oder Mut,
sich seines Verstandes auch bei politischen Themen
zu bedienen   81

Ausblick: »Vita activa«   89

Endnotenverzeichnis   97
Literatur   105
Die Autoren   113

Einleitung

»Democracy is a device that ensures we shall
be governed no better than we deserve.«
George Bernard Shaw

Erinnern Sie sich an niveauvolle Gespräche über Politik? Sind diese Gespräche in Ihrem Freundes- und Bekanntenkreis Normalität? Zugegeben: Es gibt sie durchaus hin und wieder. Und erinnern Sie sich an Gespräche über Politik, bei denen Sie rückblickend sagen würden, dass man eigentlich dem Thema nicht gerecht geworden ist? Sei es aus Bequemlichkeit, aus Angst vor Konflikten oder weil es doch so angenehm ist, sich über konzept- und niveaulose Politik und peinliche Politiker einer Meinung zu sein, ohne sich vertiefend darüber auszutauschen.

Würde man die oberflächliche Ebene verlassen, müsste man sich einige gar nicht so leichte Fragen stellen, beispielsweise: Was kennzeichnet »gute« Politik? Ist es eine Politik, die völlig selbstlos versucht alle Interessen gleichermaßen zu berücksichtigen? Und wenn ja, was heißt das konkret? Ist es eine Politik, die einzelne Gruppen oder Minderheiten schützt, auch wenn sie nicht die gleiche Leistung für den Staat erbringen oder ist es eine Politik, die denjenigen mehr Entscheidungsspielraum gibt, die für das Bruttosozialprodukt von größerer Bedeutung sind? Sollte Lobbyarbeit eingeschränkt werden oder ist gerade die Arbeit von Interessensgruppen ein essentieller Teil der Demokratie? Wollen wir eine gerechte Gesellschaft, die allen das Gleiche zukommen lässt, oder lieber eine, die auf unterschiedliche Bedürfnisse achtet?

Und man müsste sich einige unangenehme Fragen stellen, beispielsweise: Wie können wir niveauvolle Politik erwarten, wenn wir uns selbst derart niveaulos über Politik austauschen? Wie können wir fundierte und differenzierte politische Berichterstattung in den Medien einfordern, wenn uns die personalisierte und skandalisierte Schlagzeile letztlich doch mehr interessiert? Und wie können wir hoffen, von Politikern ernst genommen zu werden, wenn wir ihnen mit platter Feindseligkeit begegnen? Führt eine ständige geistesarme Kritik der Politik nicht zu einem Zynismus des politischen Systems und seiner Akteure? Und vergrößert dies nicht letztlich die Kluft zwischen Politik und Gesellschaft in (post-)modernen Demokratien?

In unserer Streitschrift betrachten wir die alltäglichen politischen Gespräche als relevanten Einfluss auf den politischen Diskurs und damit auch auf die Politik insgesamt. Wir beziehen uns dabei nur am Rande auf das Niveau von Talkshows oder Medienberichten, welches vielfach sehr unterschiedlich ist, sondern wir beziehen uns auf die Gespräche in der Familie, mit Freunden, Bekannten oder Kollegen. Wobei wir mit Gesprächen durchaus auch die Kommunikation im Web 2.0 meinen, was zwar gleichermaßen auch zu den Medien gerechnet wird, aber die Möglichkeit der Anonymität mit sich bringt, mit der man im Netz auftreten kann. Diese führt zum einen dazu, offenere, weniger an Konventionen gerichtete Ansichten zu vertreten, was durchaus eine Chance darstellt. Die Anonymität führt aber auch dazu, dass in einem öffentlichen Medium auf geringstem Niveau Politik und Politiker verächtlich gemacht werden, wie es z. B. die Zeit-Redakteurin Nina Pauer in einem Generationenportrait der um die 30jährigen beschreibt:

»Wir werden uns weiterhin in einer Mischung aus Pseudo-Statement, wahrer Empörung und offener Schadenfreude Links von sich verhaspelnden oder stolpernden Ministern, Fotos ihrer schlecht-sitzenden Frisuren, Clips ihrer grausamen Fremdsprachenkenntnisse und Karikaturen ihrer sonstigen persönlichen Unzulänglichkeiten hin und her schicken. Wir werden weiterhin keinen Parteien beitreten, sondern lieber Facebook-Gruppen, die ›Spätrömische Dekadenz‹ oder ›Westerwave – no one can reach me the water‹ heißen.«[1]

Wir behaupten in unserer Streitschrift, dass das Niveau im Web 2.0 und in Gesprächen im Alltag oftmals weitaus niedriger ist, als es dem Niveau der Diskutanten entsprechen würde. In unserer Streitschrift geht es uns nicht nur darum, diese Behauptung zu belegen, sondern auch darum, deutlich zu machen, dass dies ein Problem darstellt, für die Qualität von Politik und die Qualität von Demokratie, mithin für die Qualität des Zusammenhalts unserer Gesellschaft. Wir zeigen auf, welche Folgen es hat, wenn insbesondere die Bürger sich ihrer Verantwortung nicht stellen, da aus der Politikverdrossenheit der Bürger eine Bürgerverdrossenheit der Politiker folgt, was wiederum zu einer stärkeren Abschottung der Politiker und zu einer feigen Politik führt. Und wir begründen, warum es nicht nur um die Politiker oder die Medien geht, sondern zum einen um Bildung und zum anderen um den Mut, sich seines eigenen Verstandes auch bei Gesprächen über Politik zu bedienen. Es geht um eine politische Alltagskultur, welche die Komplexität von Politik ernst nimmt und den Akteuren und insbesondere den Politikern nicht von vornherein jede Seriosität abspricht.

Diese Streitschrift ist eine Kritik an Bürgerinnen und Bürgern. Es ist eine wichtige oder gar notwendige Kritik. Wir möch-

Niedriges Diskussionsniveau im Web 2.0

ten, um den Journalisten und Autor Nikolaus Blome zu zitieren, »jene dreiste Denkfaulheit«[2] beim Namen nennen, die zur öffentlich zelebrierten Politikerverachtung führt. Wir möchten zeigen, dass der ehemalige SPD-Vorsitzende Franz Müntefering recht hat, wenn er schreibt: »Die Verdrossenen sind an ihrer Verdrossenheit weit mehr schuld als die Politiker.«[3] Und wir möchten deutlich machen, dass der Politikwissenschaftler Prof. Werner Patzelt ein wichtiges Thema anspricht, wenn er die politische Bildung kritisiert:

»Politische Bilder dürften ... nicht mehr politikerscheltend den Leuten nach dem Munde reden, sondern müssten ganz Anderes behaupten: Unsere politischen Institutionen sind gut, unsere Politiker brauchbar – doch Schwachpunkt unserer Demokratie ist die Bürgerschaft mit ihren fossilisierten Vorurteilen, durch Halbbildung überwucherten Wissenslücken und einem bloß aufgesetzten Begehren nach politischem Engagement, bei dem man sie – bitte! – nicht über die Spaßgrenze hinaus fordern soll.«[4]

Die Streitschrift ist in vier Teile untergliedert. Der erste Teil beinhaltet Überlegungen zu den verschiedenen Arten von Stammtischparolen, die es in politischen Alltagsgesprächen gibt. Bezogen auf Politik und Politiker gehen wir davon aus, dass es in Alltagsgesprächen oftmals verallgemeinernde pauschale Aussagen gibt (»Alle Politiker sind ...«), sich widersprechende Idealvorstellungen (»Wir brauchen mehr Einzelfallgerechtigkeit und weniger Bürokratie.«) und Aussagen, die auf Unkenntnis basieren (»Die Faulheit der Politiker sieht man am leeren Plenum im Bundestag ...«).

Darauf aufbauend geht es im zweiten Teil darum, zu zeigen, wie die Politiker selbst über die Bürger denken. Denn wenn die Bürger die Politik verächtlich diskutieren, dann hat dies auch Folgen für das Bürgerbild der Politiker und trägt bei zu einer Bürgerverdrossenheit der Politiker. Dies wiederum führt zu einer feigen Politik als Reaktion auf Bürger, die Ehrlichkeit nicht honorieren.

Zum zweiten ist eine Konsequenz, dass Politiker immer stärker in einer autistischen Parallelwelt leben. Dies leitet dann zum dritten Punkt über, welcher parteipolitisches Engagement als »leicht perverses Hobby« erscheinen lässt, womit die Kluft zwischen Bürgern und Politikern weiter vergrößert wird.

Im dritten Teil des Essays wird gefragt, warum Stammtischparolen so verbreitet sind und was man gegen Stammtischparolen tun kann. Wie erklärt sich die Angst vor dem Statement? Wir betrachten hierzu vier Akteure: die Politiker, die Medien, die politische Bildung und die Bürger selbst. So sind die Politiker durchaus auch für das Niveau in politischen Alltagsgesprächen mit verantwortlich, da sie beispielsweise sehr häufig den politischen Gegner, seine Positionen und Konzepte in einer Art und Weise verächtlich diskutieren, die durchaus dem Niveau von Stammtischparolen entspricht. Hilfreich wäre es stattdessen, wenn Politiker stärker versuchen würden, den politischen Streit als intellektuell spannend zu vermitteln. Bei den Medien finden wir die Problematik, dass Politikerverachtung durchaus Verkaufsstrategie ist. Zum Teil ist eine inhaltliche substanzlose Berichterstattung aber auch darauf zurückzuführen, dass viele Journalisten über unzureichende politische Bildung verfügen. Die politische Bildung wiederum neigt aufgrund ihres schlechten Images unter Schülern wie auch in der außerschulischen politischen Bildung zur Anbiederung und sie schadet sich selbst, wenn sie versucht, zu missionieren. Dabei läge gerade eine große Chance darin, wenn politische Bildung sowohl auf Moderation zwischen Bürgern und Politikern als auch auf Konfrontation gegen Stammtischparolen setzen würde. Und die Bürger wollen das Private vielfach nicht durch das Öffentliche, also insbesondere mit politischen Themen belasten. Hier wäre es aber entscheidend, dass Bürger mehr Mut haben, sich ihres eigenen Verstandes auch bei politischen Themen zu bedienen.

Unser Buch ergreift Partei für die Demokratie und ist ein Plädoyer für die Wertschätzung der Politik in unserem Land, die weit besser ist, als es der öffentliche Diskurs vermuten lassen würde.

Nicht zuletzt ergreifen wir Partei für Politiker, die im Großen und Ganzen intelligenter, redlicher und um das Gemeinwohl bemühter sind als der Durchschnittsbürger.

Oder anders formuliert: Wir behaupten, dass es letztlich gerade die Bürger sind, die es in ihrer Hand haben, wie die Gespräche über Politik verlaufen, wie in den Medien mit Politik umgegangen wird und welches Niveau die Politik haben kann.

Diese Streitschrift wäre nicht entstanden ohne vielfältige Anregungen und Unterstützung, wofür wir an dieser Stelle danken wollen. Dank gebührt in erster Linie Florian Wenzel, der als Freund und Kollege, dieses Projekt (noch bevor es ein Projekt war) wohlwollend und kritisch begleitet hat. Danke für viele inspirierende Gespräche und die immer wieder bereichernde Zusammenarbeit.

Wir danken Winfried Dumberger-Babiel, Prof. Dr. Gerhard Kral und Michael Sell für die jahrelange intensive Zusammenarbeit im »Netzwerk Politische Bildung Schwaben« und im »Netzwerk Politische Bildung Bayern«, wovon viele Gedanken und Ideen in diesem Buch geprägt wurden. In diesem Zusammenhang danke auch an alle, die im Projektteam »Netzwerk Politische Bildung Bayern« mitwirken oder in der letzten Zeit mitgewirkt haben, und denen viele Überlegungen aus verschiedenen Besprechungen vertraut sein dürften, insbesondere sollen hier Christian Fey, Kristina Greißl, Ferdinand Jungmaier, Fares Kharboutli, Frank Wagner, Angela Zeller und Theresa Zeller erwähnt werden. Fares Kharboutli danken wir darüber hinaus für die sorgfältige Lektüre der Druckfahnen.

Vielen Dank auch ans »Café Schwabing« und ans »Catwalk«, die als anregende Orte des Austauschs und für manche Stunde des Niederschreibens sehr hilfreich waren.

Ein herzliches Dankeschön auch an Susanne Ulrich, die Leiterin der Akademie Führung & Kompetenz am Centrum für angewandte Politikforschung, welche uns die Möglichkeit gegeben hat, in einem kreativen Umfeld an dieser Streitschrift zu arbeiten.

Ludovico Einaudi danken wir für die zu unserer Streitschrift gut passende harmonische Hintergrundmusik.

Wir danken Kelly Kelch, Frank Albert und Joachim Ensle dafür, dass wir unsere Kinder in den besten Händen wussten, wenn wir an dem Buch gearbeitet haben.

Dank auch den studentischen Hilfskräften Can Atalay und Gilak Darwichpour sowie der Mitarbeiterin Angelika Unger vom Institut für Didaktik der Sozialwissenschaften an der Justus-Liebig Universität Gießen, welche die für dieses Buch wichtige Längsschnittstudie zum Thema »Politikverdrossene Lehrer?!« unterstützt haben.

Ein großes Dankeschön auch an Prof. Dr. Elisabeth Meilhammer vom Lehrstuhl für Pädagogik mit Schwerpunkt Erwachsenen- und Weiterbildung, die das Projekt von Anfang an unterstützt hat. Nicht zuletzt danken wir den Studierenden der Universität Augsburg, die im Zusammenhang mit einem Seminar Interviews mit Bürgern, Politikern und Politikwissenschaftlern geführt haben, und zwar Frank Wagner (Tutor), Martin Dannenbauer, Leonie Dienes, Jenny Ebertz, Theresa Epple, Nicola Fent, Denise Heinrich, Ramona Herrmann, Tanja Kauth, Carola Schiller, Stefan Siegel, Tim Stubbe, Julia Wanninger, Ingo Werner und Claudia Wörz.

München, im April 2013
Christian Boeser und Karin B. Schnebel

»Die reden doch nur …«
(Typische Stammtischparole)

1 Stammtischparolen in politischen Alltagsgesprächen

Wenn in Alltagsgesprächen über Politik gesprochen wird, erscheint Politik oftmals als ein recht unseriöses Geschäft, in dem Politiker vor allem tätig sind, um sich zu profilieren und eigene Interessen zu verfolgen. Redliche Absichten oder gar idealistische Motive werden kaum vermutet, sondern es werden niedere Beweggründe unterstellt. Dies zeigt sich auch in Interviews, die im Rahmen eines Seminars an der Universität Augsburg geführt worden sind.[5] So beispielsweise in der folgenden Interviewpassage mit einem 24jährigen Fachlagcristen:

» *Was denken Sie, wenn Sie das Wort Politiker hören?*
Korrupte Schweine. Jeder von denen zieht einem nur das Geld aus der Tasche, Hauptsache sie verdienen viel Geld. Sie können gut reden, aber was sie sagen sind alles Lügen. Sie geben gerne Geld aus. Stecken gerne Geld ein, geben davon aber nichts wieder ab.
Was glauben Sie, wie ein typischer Tag eines Politikers ausschaut?
Ich denke vor einem großen Auftritt werden sie vor dem Spiegel ihre Reden üben, um diese gut rüberzubringen. Dann fahren sie in den Bundestag, dann hocken sie sich alle in ihre ›Selbsthilfegruppen‹ und versuchen über Themen zu diskutieren, von denen sie eigentlich keine Ahnung haben.

Wie müsste ein guter Politiker seinen Tag gestalten, um gut Politik machen zu können?
Seinen Arbeitsalltag komplett ändern. Keine großen Sprüche klopfen und dann doch nichts einhalten, sondern auch mal auf den Tisch hauen und sagen ›So gehört es gemacht!‹. Und dann sollten es positive Dinge sein und nicht so was wie der Transrapid, den sie in München bauen wollten. Milliarden von Euro für nichts Gutes, was nur den Politikern geholfen hätte, damit sie schneller zu Sitzungen kommen. Sie wollen sich doch bloß nicht unter das normale ›Fußvolk‹ begeben und mit denen in einer S-Bahn sitzen.«

Sicherlich handelt es sich hier um ein extremes Beispiel. Doch finden sich auch in den anderen Interviews ähnliche Bemerkungen, die deutlich machen, dass der Politik und insbesondere den Politikern oft Verachtung entgegengebracht wird. Und in alltäglichen Gesprächen gibt es viele Situationen, die zeigen, dass beim Reden über Politik das Niveau oftmals Nebensache ist.

So beispielsweise bei einem Gespräch in der Nachbarschaft über den Zusammenhang von Fehlertoleranz und Innovationsfähigkeit. Einigkeit bestand darin, dass Systeme, die fehlerintolerant sind, also Fehler drakonisch bestrafen, innovationsunfähig und damit letztlich zum Scheitern verurteilt sind. Eine logische Konsequenz aus diesem Gedankengang wäre, dass auch das System der Politik fehlertolerant sein müsste, damit Innovationen und eine Weiterentwicklung der Gesellschaft möglich sind. Dieser Transfer auf die Politik wurde vom Nachbarn allerdings nicht akzeptiert, da bei Politikern ja in erster Linie deren Unfähigkeit das zentrale Problem sei und daher die Forderung nach Fehlertoleranz hier nicht passe.

Gespräche über Politik – Niveau als Nebensache?

Auch im beruflichen Kontext verwundert der unreflektierte Kommentar eines Kollegen, der den Wechsel eines Ministers in ein anderes Ressort abfällig kommentiert und für die Leitung von Ministerien »Experten« fordert. Auf Nachfrage konnte der Kollege zwar auch nicht deutlich machen, wer denn nun »Experte« für beispielsweise ein Gesundheitsministerium wäre. Man könnte sich hier ja schließlich einen Allgemeinmediziner, einen Facharzt, einen Pharmazeuten, den Leiter eines großen Krankenhauses, einen Professor der Gesundheitsökonomie, einen Professor der Gesundheitspsychologie und noch viele andere vorstellen, die Expertise im Bereich Gesundheit haben. Und ist die Vorstellung einer Expertokratie, also einer durch Experten organisierten Basta-Politik, nicht nur undemokratisch sondern auch illusorisch, da sich auch Experten in vielen Bereichen inhaltlich *nicht* einig sind?

Unzählig sind natürlich die kritischen Äußerungen auf Familienfesten, in denen über die viel zu hohe Bezahlung von Politikern und ihre angeblich skandalöse Alterssicherung geschimpft wird. Raum für Zwischentöne gibt es kaum. Meist bleibt unerwähnt, dass der Job eines Politikers gemessen an seiner Verantwortung und im Vergleich zu Managern aus der Wirtschaft (um die Gehälter von Bundesliga-Fußballern gar nicht erst zu erwähnen) geradezu armselig ist. Und dass eine Alterssicherung von Spitzenpolitikern nicht nur etwas mit Respekt von (ehemaligen) Repräsentanten des eigenen Staates zu tun hat, sondern auch damit, dass Korruption durch eine solide Absicherung unwahrscheinlicher wird.

Und dann gibt es auch noch die Politikerverachtung in einer sehr extremen Form, wie sie sich im Web 2.0 findet, z. B. im Online-Forum der Tageszeitung »Die Welt«, in dem ein User sich wie folgt äußert: »Es ist schon erstaunlich, wie der Leistungswille einer Nation mit Füßen getreten wird. In 50 Jahren meines Lebens habe ich eines gelernt, durch Arbeit alleine kommt man zu nichts. Es lohnt nicht mehr sich für Deutschland einzusetzen, es sei denn wir würden unsere Politiker ins Arbeitslager schicken.«[6]

Was ist diesen Beispielen gemeinsam? Die Äußerungen aus ganz verschiedenen Kontexten sind platt, rechthaberisch, undifferenziert und selbstgerecht. Sie sind so, wie der Erwachsenenbildner Dr. Klaus-Peter Hufer Stammtischparolen[7] beschreibt: »platte Sprüche, aggressive Rechthaberei, kategorisches Entweder-Oder, dezidierte Selbstgerechtigkeit«[8]. Es geht weder ihm noch uns dabei um die Diskreditierung des Stammtisches, der durchaus auch ein Ort niveauvollen Streits sein kann. Man könnte beim Thema »Politische Alltagsgespräche« ebenso kritisch von Mensaparolen, Facebookparolen oder Esstischparolen schreiben. Uns geht es hier vielmehr darum, die Faulheit im Denken und öffentlichen Reden anzuprangern. Und hier kritisieren wir drei Varianten von Stammtischparolen:[9]

1. Stammtischparolen im Sinne von verallgemeinernden pauschalen Aussagen: »Alle Politiker sind ...«
2. Stammtischparolen im Sinne von sich eigentlich widersprechenden Idealvorstellungen: »Wir brauchen mehr Einzelfallgerechtigkeit aber auch weniger Bürokratie.«
3. Stammtischparolen aufgrund von Unkenntnis: »Die Faulheit der Politiker sieht man am leeren Plenum im Bundestag ...«

1.1 Verallgemeinernde pauschale Aussagen: »Alle Politiker sind ...«

Pauschalurteile oder auch Vorurteile gegenüber Menschengruppen sind in unserem alltäglichen Denken nichts Ungewöhnliches. Klischees reduzieren Komplexität und machen die Welt einfacher und (scheinbar) berechenbarer.

Klischees bei der Beurteilung von Politikern

Für eine differenzierte Auseinandersetzung sind sie jedoch Gift. Und sie diskriminieren, da sie einer Person bestimmte Eigenschaften unabhängig von ihrem tatsächlichen Handeln zuweisen.[10] In unseren Interviews haben wir nach Eigenschaften des »typischen« Politikers gefragt. Auch wenn es auf Nachfragen durchaus differenzierte Antworten gab, das erste Urteil über den typischen, also »den« Politiker war oftmals sehr kritisch und erinnert an gängige Klischees.

Klischee: Politiker halten nie, was sie versprechen.

Hierzu meint ein 40jähriger Handwerker: »Politiker versprechen einfach zu viel. Es geht oft nur darum, dass sie für den nächsten Wahlkampf gut da stehen, anstatt mal etwas weniger zu versprechen und dafür dies auch umzusetzen.« Ähnlich ein 21jähriger Fachlagerist: »Die meisten erfinden irgendwelche Lügen, was sie angeblich schaffen wollen, was dem Volk auch total wichtig ist, aber nur um höhere Positionen zu erlangen, und im Nachhinein halten sie es doch nicht ein, weil sie es einfach nicht einhalten können.« Ein 27jähriger Schweißer denkt, dass die Lügen der Politiker doch jeder merken müsste. Als Beispiel verwendet er das Steuerthema: »Und da geht es wieder nur um Steuersenkungen, dieses leidige Thema. Und man kann einfach keine Steuern senken, wenn man schon Milliarden Schulden hat, hunderte Milliarden Schulden, dann kannst du verdammt noch Mal keine Steuern senken und jeder der das glaubt, ist einfach zu dumm.«

Alle drei Zitate sprechen mehr oder weniger explizit einen wichtigen Punkt an, nämlich die Wechselwirkung zwischen Wählern und Politikern. Da Politiker auf Wählerstimmen angewiesen sind, und es viele Beispiele gibt, dass unhaltbare Versprechungen mit Wählerstimmen belohnt wurden, ist die Versuchung natürlich groß, blühende Landschaften zu versprechen. Und wie später noch gezeigt werden soll, ist politischer Mut auch davon abhängig, dass dieser vom Wähler honoriert wird. Klar ist auch, dass sich Politiker, was Wahrhaftigkeit anbelangt, sehr unterscheiden und dass manche mehr und manche weniger um Redlichkeit bemüht sind. Eine pauschale Verurteilung ist aber in jedem Fall unangemessen. Zumal Versprechen von Politikern tatsächlich oft auf einer ernsthaften Absicht und einer Überzeugung des Gelingens basieren. Gesellschaftliche Veränderungen (z.B. steigende Akzeptanz für gleichgeschlechtliche Partnerschaften) oder globale Großereignisse (z.B. der 11. September 2001 oder die Atomkatastrophe in Fukushima) können aber so grundlegend die politischen Rahmenbedingungen ändern, dass ein Festhalten an vorher geäußerten Positionen nicht mehr praktikabel ist.

Klischee: Politiker sind viel zu weit weg vom normalen Bürger.

Zu dem Verhältnis zwischen Politikern und Bürgern äußert sich eine 56jährige Heilpraktikerin, als sie gefragt wird, was sie denkt, wenn sie das Wort Politiker hört: »Was ich denke, also ich empfinde eine Distanz. Und ich denke, dass die zu weit weg sind vom Volk, auch von der Menschlichkeit zu weit weg. Also ich fühle mich von Politikern nicht vertreten.« Auch der eingangs schon zitierte 21jährige Fachlagerist empfindet die Distanz als sehr groß und glaubt, dass Politiker dies auch so wünschen: »Sie wollten sich eine eigene Bahn bauen, bei der sie kostenlos hätten fahren dürfen, soweit ich mich erinnern kann. Sie mischen sich einfach nicht unters Volk. Außer bei so was wie einem Fußballspiel oder so, aber selbst da haben sie noch VIP-Plätze.« Und eine 51jährige Frührentnerin meint, dass Politiker aufgrund ihres hohen Einkommens zu weit weg vom normalen Bürger sind:

»Ich bin ganz einfach der Meinung, dass wenn die weniger Geld verdienen würden, dann müssten die sich auch mal Gedanken machen. So wie die handeln, ist es mir zu weltfremd. Wie sollen die wissen, was beim kleinen Bürger im Wohnzimmer los ist? Das können die nicht, weil sie nie selbst dort gesessen haben. Ohne dass etwas auf dem Tisch steht oder jeder Cent umgedreht werden muss.«

Deutlich wird in den Zitaten zweierlei, zum einen, dass die Distanz zwischen Bürgern und Politikern als sehr groß wahrgenommen wird und zum anderen, dass *die* Politiker ebenso wenig wie *die* Bürger differenziert betrachtet werden. Den Politikern wird unterstellt, dass alle im »Elfenbeinturm« sitzen beziehungsweise in einer anderen Welt leben. Und bei den Bürgern wird davon ausgegangen, dass diese sich sehr ähnlich sind oder zumindest gleiche Ziele und politische Interessen haben. Dabei sind Politiker eine sehr heterogene Gruppe – ebenso wie die Bürger. Man kann, gerade im 21. Jahrhundert in einer differenzierten und individualisierten Gesellschaft, nicht von einer homogenen Bürgerschaft ausgehen. Insofern ist die Frage berechtigt, wer eigentlich der »normale« Bürger ist, dem man nahe sein soll? Ein Zitat von Hans Magnus Enzensberger, der wie kein anderer das Schlagwort »Auflösung der Normalbiographie« greifbar macht, mag als Antwort genügen:

»Es äußert sich am deutlichsten in der Provinz. Niederbayrische Marktflecken, Dörfer in der Eifel, Kleinstädte in Holstein bevölkern sich mit Figuren, von denen vor dreißig Jahren sich niemand etwas träumen ließ. Also golfspielende Metzger, aus Thailand importierte Ehefrauen, V-Männer mit Schrebergärten, türkische Mullahs, Apothekerinnen in Nicaragua-Komitees, mercedesfahrende Landstreicher, Autonome in Bio-Gärten, waffensammelnde Finanzbeamte, pfauenzüchtende Kleinbauern, militante Lesbierinnen, talminische Eisverkäufer, Altphilologen im Warentermingeschäft, Söldner auf Heimaturlaub, extremistische Tierschützer, Kokaindealer mit Bräunungsstudios, Dominas mit Kunden aus dem höheren Management, Computer-Freaks, die zwischen kalifornischen Datenbanken und hessischen Naturschutzparks pendeln, Schreiner, die goldene Türen nach Saudi-Arabien liefern, Kunstfälscher, Karl-May-Forscher, Bodyguards, Jazzexperten, Sterbehelfer und Porno-Produzenten. An die Stelle der Eigenbrödler [sic!] und Dorfidioten, der Käuze und der Sonderlinge ist der durchschnittliche Abweicher getreten, der unter Millionen seines Gleichen gar nicht mehr auffällt.«[11]

Ein Aspekt aus dem Zitat der oben zitierten 51jährigen Frührentnerin ist allerdings sehr relevant, nämlich der Vorwurf, dass die meisten Politiker kein Bewusstsein für die Lebensbedingungen in relativer Armut hätten. Und da in den letzten Jahren die Chancen für den Aufstieg aus einem bildungsfernen Milieu in ein politisches Spitzenamt gesunken sind, droht diese Perspektive in der Politik tatsächlich zu verschwinden. Während sich Altkanzler Gerhard Schröder noch als Sohn eines Hilfsarbeiters und einer

Fabrikarbeiterin hochkämpfen musste, gibt es derartige Biografien in der jüngeren Politikergeneration kaum noch. Und damit besteht durchaus die Gefahr, dass die Sensibilität für diese Thematik verloren geht.

Hier ist noch ein anderer Gedanke wichtig: Welcher Politiker ist näher am Leben, derjenige, der viel Bürgernähe zeigt (bzw. simuliert), also derjenige, der jede Mail persönlich beantwortet und überall den Grußwortonkel spielt, oder derjenige, der bewusst auch ein privates Leben jenseits der Politik führt und dafür möglicherweise in Bezug auf (inszenierte) Bürgernähe Abstriche machen muss? Die Erwartung an Politiker, dass sie ständig Präsenz zu zeigen haben, führt oft dazu, dass viele Politiker weiter weg von einem realen Leben sind, als sie es wären, wenn sie sich auch ihrer Familie widmen könnten. Und würde nicht ein Politiker, der auch ein normales Privatleben führt, die Bevölkerung besser repräsentieren? Ein Politiker aber, der ein eigenes Familienleben haben möchte und seinen Freundeskreis pflegt, geht das Risiko ein, als bürgerfern und abgehoben eingestuft zu werden. Um bürgernah zu wirken, besuchen deswegen viele Politiker lieber unzählige Veranstaltungen, Tagungen oder auch Betriebe, wo sie kurz in den Mittelpunkt gerückt sind, um anschließend zum nächsten Termin zu eilen. Auch hier wäre weniger mehr: Statt mehrere Grußworte an einem Wochenende zu sprechen, wäre es sinnvoller, wenn sich Politiker ganz auf eine Tagung oder Konferenz einlassen würden, damit sie ernsthaft in eine inhaltliche Auseinandersetzung kommen könnten.

Klischee: Politikern geht es nur um Macht.

Dass Politiker nach Macht streben, ist eine Tautologie, ein weißer Schimmel. Oder um den bereits emeritierten Fachdidaktiker Prof. Sutor zu zitieren: »Politikern vorzuwerfen, sie strebten nach Macht, ist so sinnvoll wie Katzen zu tadeln, weil sie Mäuse fangen.«[12] Die Frage um die es hier geht, ist wofür Macht angestrebt wird, konkret ob Macht für Politiker Selbstzweck ist, beispielsweise zur Befriedigung eines persönlichen Bedürfnisses. So ist ein 27jähriger Schweißer der Ansicht: »Ich denke mal, das Wichtigste für die Politiker ist es, gewählt zu werden.« Und eine 24jährige Erzieherin kritisiert, dass Politiker nicht dem »Gemeinwohl« dienen sondern nur ihre eigenen Interessen im Blick haben. Dass ein Politiker von Idealen angetrieben wird, für deren Umsetzung er einfach politische Einflussmöglichkeiten beziehungsweise ein Mandat benötigt, erscheint vielen abwegig. Dabei ist genau dies Ausganspunkt der Unterteilung bei Max Weber, der davon ausgeht, dass Politiker sich entweder von Werten leiten lassen oder von dem Ziel, eine (nach eigenen Maßstäben) günstige Entwicklung der Gesellschaft zu ermöglichen. Max Weber unterscheidet in seinem Vortrag »Politik als Beruf« aus dem Jahre 1919 zwischen verantwortungsethisch und gesinnungsethisch handelnden Politikern. Weber war der Auffassung, dass der Verantwortungsethiker derjenige ist, der sein Handeln darauf ausrichtet, dass das Ergebnis von Politik die bestmögliche Entwicklung des Staates für alle ist. Ein Gesinnungsethiker hingegen denkt primär an seine Ideale, verliert dabei aber zuweilen den Blick auf die Realität und ignoriert beispielsweise die Konsequenzen seiner kompromisslosen Haltung. Aber, und dies ist hier das Zentrale, beiden geht es *nicht* in erster Linie um rein egoistische Motive.

Unstrittig ist aus der psychologischen Beschäftigung mit Macht allerdings, dass es durchaus Menschen gibt, die sich von Macht besonders angezogen fühlen und die sich voller Eitelkeit an dem Gefühl von Macht berauschen. Dies gilt insbesondere für narzisstische Persönlichkeiten. Kritisch bei diesen ist, dass Machtstreben und Machterhalt primär ein Bedürfnis nach Anerkennung befriedigen sollen. Zwar ist, um Max Weber erneut zu zitieren, »Eitelkeit« durchaus eine Berufskrankheit von Politikern (und Wissenschaftlern), Machtmissbrauch beginnt aber da, »wo dieses Machtstreben unsachlich und ein Gegenstand rein persönlicher Selbstberauschung wird, anstatt ausschließlich in den Dienst der ›Sache‹ zu treten.«[13] Problematisch ist jedoch, dass Macht auch für denjenigen, der anfangs voller idealistischer Motive ist, negative

Veränderungen zur Folge haben kann. So beinhaltet Macht die Versuchung, weniger auf andere hören zu müssen, sich weniger mit ihnen auseinandersetzen zu müssen und andere Interessen einfach ignorieren zu können. Damit liegt im Vorhandensein von Macht aber auch immer das Risiko, dass durch Abschottung bedingte Fehlentscheidungen wahrscheinlicher werden. Wolfgang Scholl, Professor für Organisations- und Sozialpsychologie, dazu: »Mächtige, die ihr Machtpotenzial gegen die legitimen Interessen anderer einsetzen, verlieren immer mehr den Kontakt zur Realität und treffen schließlich Entscheidungen, die sie – allerdings auch die von ihnen geleiteten Organisationen oder Länder – ins Verderben stürzen, weil sie sich total verschätzen.«[14] Die zumindest theoretisch einfache Lösung für Mächtige liegt darin, so Scholl, »die Interessen betroffener Personen bei einer Entscheidung« zu wahren, also deren Interessen mit zu berücksichtigen.[15] Und dies ist dann leichter möglich, wenn die Beziehung zwischen den Betroffenen und den Mächtigen nicht »nach dem Muster von Eltern-Kind-Beziehungen« strukturiert ist, »sondern ein Verhältnis unter erwachsenen Partnern« darstellt.[16] Was der Psychologe Prof. Hans-Jürgen Wirth damit meint, ist, dass es eine Wechselwirkung zwischen Politikern und der Bevölkerung gibt. Und dass die Bevölkerung »ein hohes Maß an Mitverantwortung, d. h. auch Geduld, Frustrationstoleranz und Kompromissfähigkeit« benötigt, damit Politiker nicht den Eindruck gewinnen, sie müssten das, was von den Bürgern kommt, gar nicht erst ernst nehmen.[17] Ähnlich Prof. Michael Schmitz von der Lauder Business School in Wien: »So sehr wir die so häufigen Missbräuche von Macht auch beklagen, wir kommen ohne Macht nicht miteinander aus. Umso wichtiger ist es zu verstehen, was Macht macht, mit denen, die sie haben und denen, die sie nicht haben, wie beide im Zusammenwirken darüber entscheiden, wie Macht sich entfaltet.«[18]

1.2 Sich widersprechende Idealvorstellungen: »Wir brauchen mehr Einzelfallgerechtigkeit und weniger Bürokratie«

Bei den sich widersprechenden Idealvorstellungen geht es nicht um die pauschale Verurteilung von Politikern sondern um gängige Erwartungen, die aufgrund ihrer Widersprüchlichkeit schlichtweg nicht gleichzeitig realisiert werden können und, wenn das Ganze nicht reflektiert wird, zu mehr Politikerverachtung führen. Prof. Norbert Lammert, Präsident des Deutschen Bundestages, dazu: »... zu den ergiebigsten Quellen der Unzufriedenheit überhaupt zählen die hohen und sich zudem noch gegenseitig widersprechenden Erwartungen, die an Politiker gestellt werden.«[19]

Politiker im Widerspruch der Erwartungen

In den Interviews wurden die befragten Bürger auch selbst auf diese Problematik angesprochen. So lautet eine Frage im Interview-Leitfaden: »Wenn über Politiker gesprochen wird, tauchen manchmal auch widersprüchliche Erwartungen an Politiker auf. Fallen Ihnen dazu Beispiele ein?« Auch wenn viele der Befragten zunächst nichts zu dieser Frage sagen konnten, manche sprachen hier relevante inhaltliche Dilemmata an. So z. B. ein 40jähriger Handwerker:

»Vielleicht erwartet man immer, dass Politiker einerseits die Lohnnebenkosten senken, wie Krankenversicherung, Rentenversicherung, Pflegeversicherung, Arbeitslosenversicherung usw. Und andererseits möchte man, dass die Sozialleistungen erhöht werden, mehr Rente, mehr Geld für die Arbeitssuchenden, bessere Krankenbetreuung usw.«

Und in manchen Interviews werden auch Erwartungen an das Verhalten von Politikern problematisiert. Eine 51jährige Frührentnerin: »Die Politiker sollen nah am Bürger sein und trotzdem objektiv bleiben, was deren Belange angeht. Das funktioniert so nicht. Objektiv kann nur der sein, der auch Distanz wahrt. Psychologen können auch keine freundschaftliche Beziehung zu ihren Patienten aufbauen.«

Nach der Eingangsfrage wurden die Befragten mit vorher erarbeiteten Dilemmata konfrontiert. Beispielsweise wurden zum Thema Professionalität von Politikern zwei sich widersprechende Aussagen gegenübergestellt:

Aussage 1: Politiker verhalten sich oftmals dilettantisch/stümperhaft. Das sieht man daran, dass Gesetze ständig nachgebessert werden müssen. Viel zu oft kommen handwerkliche Fehler vor.

Aussage 2: Es stimmt schon, dass Gesetze oft nachgebessert werden müssen. Dies liegt aber an der Komplexität moderner Gesellschaften in denen die Auswirkungen politischer Entscheidungen oft nicht vorhersehbar sind. Das hat zur Folge, dass Wirkungen und unbeabsichtigte Nebenwirkungen manchmal nicht den Zielen entsprechen.

Bemerkenswert war hier, dass auch bei anfangs eher schlicht argumentierenden Bürgern auf einmal durchaus Problembewusstsein deutlich wurde. So bei einer 24jährigen Erzieherin, welche diese beiden Aussagen folgendermaßen kommentiert:

»Ja, das ist wieder so eine Frage. Das wäre zweischneidig. Auf der einen Seite stimmt das schon, dass manche Gesetze nachträglich dann nachgebessert werden müssen, weil sich die Situation verändert hat. Und es ist auch gut, wenn so was passiert. Weil das beweist ja, dass so was nicht ganz starr und fest ist, sondern dass es sich anpasst und zwar an die aktuelle Situation. Oder dass es zumindest möglichst gut gemacht werden soll. Manchmal kommt es allerdings schon so rüber, als hätten die Politiker am Anfang nicht richtig überlegt. Weil von vornherein klar war, dass das so nicht praktikabel ist. Es gibt aber die Fälle, da gibt es Gesetze, die werden nachgebessert und das auch aus gutem Grund, weil das nicht vorhersehbar war, weil es an der ›Komplexität der modernen Gesellschaft‹ liegt.«

Ein anderes Beispiel für sich widersprechende Erwartungen ist die Forderung, der Staat müsse dafür Sorge tragen, dass er nicht ausgenutzt wird und nur die wirklich Bedürftigen Unterstützung bekommen. Gleichzeitig ist jedem Politiker der Applaus sicher, der einen Abbau von Bürokratie fordert und unbürokratische Hilfe verspricht.

Sich widersprechende Ideale: Mehr Einzelfallgerechtigkeit und weniger Bürokratie?

Häufig werden die Forderung nach mehr Einzelfallgerechtigkeit und zugleich der Wunsch nach weniger Bürokratie oder nach unbürokratischer Hilfe geäußert. Ein Beispiel hierfür ist die Regelung von Hartz IV. Um festzustellen, wer bedürftig ist, ist ein großer bürokratischer Aufwand nötig. Gleichermaßen ist Bürokratie negativ besetzt, da dieser Aufwand als lästiger und unnötiger Kostenfaktor erscheint. Wie kann jedoch festgestellt werden, wer was benötigt also wie sehr jemand unterhalb der Armutsgrenze lebt, ohne der Lage auf den Grund zu gehen? Demnach gibt es nur zwei Alternativen: Die erste ist, dass man entweder im Einzelfall ungerecht ist, das heißt jemand erhält ungerechtfertigter Weise etwas oder ungerechtfertigter Weise nichts, oder es gibt, zweite Alternative, eine aufwendige bürokratische Einzelfallprüfung, die nicht nur Geld kostet sondern auch für den Betroffenen oftmals eine Zumutung darstellt.

Einzelfälle können also nicht geprüft werden, wenn gleichzeitig weniger Bürokratie verlangt wird. Gleichermaßen liegt es auf der Hand, dass es schwierig ist, allen die gleichen Rechte zukommen zu lassen. Rechte müssen außerordentlich ausdifferenziert sein, damit individuelle Bedürfnisse berücksichtigt werden können. Doch wie weit ist dies möglich? Es besteht die Gefahr, dass je ausdifferenzierter die Rechte sind, desto mehr sind wir in unserer Bewegungsfreiheit insgesamt eingeschränkt, denn es kann dazu führen, dass immer mehr alltägliche Dinge gesetzlich geregelt werden. Wirklich auflösbar ist dieses Dilemma nicht, viel-

mehr muss Politik hier sensibel darauf reagieren, wenn es zu viel
Ungerechtigkeit gibt und zugleich wenn es zu viel Bürokratie gibt.
Möglicherweise gibt es auch in vielen Bereichen noch gemeinsame stabile moralische Wertvorstellungen. Wenn diese vorhanden sind, dann können sich Konflikte, gerade im sozialen Bereich,
selbst regeln und benötigen keine rechtliche Ausdifferenzierung.
Allerdings sieht die Politik vielfach die Notwendigkeit der Nachjustierung durch Differenzierung gesetzlicher Vorgaben, gerade
weil diese geteilten Wertvorstellungen in einer individualisierten
Welt nachgelassen haben und somit Handlungsbedarf gegeben ist.

Sich widersprechende Ideale: Schnelle Entscheidungen und fehlerfreie Gesetze?

Die Notwendigkeit, ein Gesetz nachbessern zu müssen, ist nicht
ungewöhnlich, wird allerdings oftmals scharf als Dilettantismus
kritisiert oder als handwerklicher Fehler beschrieben, der wieder einmal die Unfähigkeit der Politiker zeige. Gleichzeitig gibt
es Beschwerden, dass Politiker viel zu lange für ihre Entscheidungen brauchen und ständig nur reden würden, statt endlich zu
handeln oder einmal »auf den Tisch zu hauen«. Dass überhastete
Entscheidungen oftmals zu mehr Fehlern führen, ist die eine Problematik die hier besteht. Die andere ist, dass Fehler selbst dann
nicht auszuschließen wären, wenn Politik sich alle Zeit der Welt
nehmen würde. DIE ZEIT zitiert zum Thema Fehlertoleranz den
Finanzminister Wolfgang Schäuble, der, nachdem er einen Fehler
eingestehen musste, an den politischen Philosophen Karl Popper
erinnert, »… für den eine offene Gesellschaft nur dann bestehen
kann, wenn sie Fehler macht – und sie korrigiert. Ein ständiger Prozess von ›trial and error‹, Versuch und Irrtum.«[20] Fehler
sind also im gewissen Sinne normal wenn nicht sogar notwendig.
Und dennoch kann man zu Recht erwarten, dass sich Politiker
bemühen, möglichst wenige Fehler zu machen (oder zumindest
nicht die gleichen Fehler immer wieder). Und dies ist durchaus
der Fall, gerade weil Politiker um ihre Verantwortung für die Ge-

sellschaft wissen und ebenso ein Bewusstsein dafür haben, dass ihre Entscheidungen und Stellungnahmen von politikinteressierten Bürgern mitverfolgt werden. Dieses Bemühen, wenige Fehler zu machen, kostet aber Zeit und kollidiert mit dem Interesse der Bürger nach schnellen Entscheidungen. Dieses Interesse nach politischer Entscheidung ist dabei durchaus verständlich, insbesondere wenn man als Betroffener eine aufgrund der eigenen Situation scheinbar endlose Debatte beobachten muss. Ein Beispiel hierfür ist das Thema Organspende. Wer auf ein Spenderorgan für sich oder einen geliebten Angehörigen wartet, wird nur schwer akzeptieren können, dass sich die Entscheidung für eine Reform des Gesetzes im Jahre 2012 derart lange hinausgezögert hat. Und er wird völlig entnervt sein, dass nach dem im Bundestag fraktionsübergreifend erzielten Kompromiss, nach wie vor viele Fragen ungeklärt sind. Auch dieses Dilemma zwischen Fehlervermeidung und Geschwindigkeit lässt sich nicht wirklich auflösen, sondern es ist Aufgabe der Politik zwischen den beiden Erwartungen für die jeweilige Situation einen angemessen Weg zu finden.

Sich widersprechende Ideale: Eine eierlegende Wollmilchsau mit Heiligenschein und menschlich wie du und ich?

Viel Widersprüchliches findet sich auch bei den schlichtweg unerfüllbaren Erwartungen an Politiker. Eigentlich sollen schon die besten Leute ins Parlament, aber entsprechend bezahlt werden sollen sie nicht. So gibt es die vielfach betonte Ansicht, dass Politiker sowieso schon zu viel verdienen würden und insbesondere die Altersversorgung völlig unangemessen sei. Auch sollen Politiker zwar professionell sein aber bitte keine Berufspolitiker, da sie sich sonst zu weit von der Realität entfernen würden und ihr Gespür für die wesentlichen zu bearbeitenden Belange nachlassen würde. Und natürlich sollen Politiker tagtäglich Bürgernähe demonstrieren, moralisch über jeden Zweifel erhaben und inhaltlich Experten aber gleichzeitig menschlich wie du und ich sein.

Um einen Aspekt zu vertiefen: Warum ist Berufspolitiker eigentlich ein Schimpfwort? Warum glauben viele, dass die Entscheidung für Politik als Beruf nicht nur moralisch bedenklich ist, sondern auch zu einem Qualitätsverlust in der Politik führt? Wollen wir nicht professionelle Politiker, die möglichst wenige Fehler machen? Nikolaus Blome bringt diese Problematik schön auf den Punkt: »Was denken wir, wenn ein Krankenhaus sein Herzchirurgie-Team als ›unverbrauchte Quereinsteiger‹ anpreist? Anders herum: Die Gleichung ›Erfahrung schafft Vertrauen‹ gilt überall. Nur nicht für Politiker.«[21] Politiker sind hier in einem echten Dilemma: Sollen sie sich als naiver und netter Laie inszenieren (so wie es die Piraten eine Zeit lang erfolgreich getan haben)? Oder lieber doch als ausgebuffter, mit allen Wassern gewaschener Vollprofi, der souverän seinen Job macht?

Zu den widersprüchlichen Erwartungen an Politiker zählt auch, wie sie öffentlich reden sollen. So sollen Politiker Klartext sprechen und zugleich standfest ihre Positionen behaupten und, natürlich, ihre Versprechen halten. Eine frühe Festlegung der Position kann aber dazu führen, dass Politiker bei einer weiteren Entwicklung des Themas nicht mehr ohne Gesichtsverlust ihre Meinung verändern können. Auch ist es für Politiker oftmals notwendig, dass sie keine klaren Aussagen machen, damit sie nach weiterer Beschäftigung mit dem Thema zu angemessenen Lösungen kommen können oder damit sie die Möglichkeit haben, Verhandlungslösungen zu finden, ohne an Glaubwürdigkeit einzubüßen. Eine starre Zementierung der eigenen Position würde sowohl die weitere ergebnisoffene Beschäftigung mit dem Thema, als auch Verhandlungen und insbesondere auch die Möglichkeit für Kompromisse unmöglich machen.

Bezogen auf den Umgang mit dem politischen Gegner gibt es eine Problematik, die der SPD-Vorsitzende Sigmar Gabriel gut auf den Punkt bringt: »Es gibt die Sehnsucht nach Commonsense in der Politik, es gibt aber auch die Sehnsucht nach Unterscheidbarkeit und Polarisierung.«[22] Und, damit zusammenhängend, gibt es den Wunsch nach unterhaltsamem öffentlichen Streit und gleichzeitig Verachtung gegenüber Politikern, die aus parteitaktischen Motiven heraus oder um sich selbst zu profilieren, den politischen Gegner verächtlich behandeln. In Talkshows sollen Diskussionen kurzweilig sein und letztlich auch die Emotionen der Zuschauer ansprechen, was oft zu Lasten des Niveaus geht. Ein rein sachliches Gespräch würde aber als langweilig empfunden. Demnach werden Politiker dazu gezwungen platt und einfach zu argumentieren und insbesondere dem gegnerischen Politiker entweder unredliche Motive zu unterstellen oder Dilettantismus vorzuwerfen.

1.3 Unkenntnis: »Die Faulheit der Politiker sieht man am leeren Plenum …«

Bei den genannten Dilemmata sind oftmals eine Faulheit im Denken und eine Unlust zu einer differenzierten Auseinandersetzung von Seiten der Bürger die Ursache. Manchmal ist es aber auch schlichtweg Unwissenheit, die dazu führt, verächtlich über Politik und Politiker zu reden.

Unkenntnis: »Das ist nicht der Sinn einer Bundestagsdebatte …«

»Viele Deutsche verachten Politik und Politiker – weil sie ihr Regierungssystem nicht verstehen« – so der Politikwissenschaftler Prof. Werner J. Patzelt.[23] Zuspitzend formuliert er: »Verdrossen sind die Ahnungslosen.«[24] Populäre Missverständnisse beziehen sich insbesondere auf den Bundestag. Wichtige parlamentarische Gremien sind schlichtweg nicht bekannt oder werden in ihrer Bedeutung unterschätzt. Überschätzt wird hingegen die Plenumsdiskussion, in der es nach Auffassung der Bevölkerung eigentlich im Kern um die inhaltliche Auseinandersetzung gehen sollte. Dies stimmt aber mit der Realität nicht überein, da die Parlamentsdebatte

Unwissen gegenüber dem Arbeitsaufkommen eines Politikers

von der Funktionslogik des Parlaments nicht auf Diskurs angelegt ist, sondern darauf, öffentlich zu erläutern, warum eine Fraktion eine bestimmte Position vertritt. Die eigentliche inhaltliche und durchaus sehr an der Sache orientierte Diskussion findet an anderer Stelle statt: in Ausschüssen, Arbeitsgruppen, Fraktionen, Fraktionsarbeitskreisen, Anhörungen oder den Koalitionsrunden. Akzeptiert man die durchaus effektive Arbeitsteilung im Deutschen Bundestag, irritieren leere Abgeordnetenbänke während des Plenums oder eher sterile, wenig aufeinander bezogene Beiträge nicht. Ansonsten entsteht natürlich der Eindruck, die Politiker würden ihren Job nicht ernst nehmen.

Und dieses Missverständnis ist weit verbreitet, sogar unter angehenden Lehrern. So stimmen in einer empirischen Studie an der Universität Augsburg und der Justus-Liebig Universität Gießen[25] über 2/3 der Lehramtsstudierenden der folgenden Aussage zu: »Ich habe oft den Eindruck, dass die Bundestagsabgeordneten bei den Debatten gar nicht mehr auf die Argumente der anderen eingehen, sondern von vornherein feststehende Meinungen vortragen. Hier wird gar nicht versucht, andere zu überzeugen. Das ist aber nicht der Sinn einer Bundestagsdebatte.« Die Aussage, die der Funktionslogik des Parlaments entspricht, wird von weniger als 1/3 der Befragten als zutreffend erkannt: »Es stimmt schon, dass da längst feststehende Meinungen vorgetragen werden und man nicht versucht, andere Abgeordnete zu überzeugen. Aber damit zeigen die Redner der Parteien, welche Argumente sie für richtig halten und weshalb sie ihre Entscheidung so treffen und nicht anders. Genau das ist der Sinn einer Bundestagsdebatte.«[26]

Ähnlich die Problematik mit der Fraktionsdisziplin, dem oft fälschlich so bezeichneten Fraktionszwang. Auch hier stimmen ⅔ der angehenden Lehrer folgender, der Funktionslogik des Bundestages widersprechenden Aussage zu: »Ich finde, dass sich jeder Abgeordnete selber eine Meinung bilden und dann auch dementsprechend abstimmen sollte. Es macht nichts, wenn Abgeordnete einer Partei oder einer Fraktion unterschiedliche Standpunkte vertreten und auch verschieden abstimmen.« Die Öffnung einer Abstimmung kann zwar im Einzelfall, gerade bei Entscheidungen, die als Gewissensfrage verstanden werden (z. B. Sterbehilfe), durchaus sinnvoll sein. Als Regelfall würde es in unserem parlamentarischen System jedoch nicht funktionieren, so zumindest der Tenor unter deutschen Politikwissenschaftlern.

Auch hinsichtlich des Themas Gewaltenteilung gibt es einen folgenschweren Irrtum: Gelehrt und gelernt wird eine idealtypische Gewaltenteilung zwischen Legislative, Exekutive und Judikative. Und erwartet wird deshalb eine Kontrolle der Regierung (Exekutive) durch das Parlament (Legislative). Faktisch funktioniert unser parlamentarisches System aber so (und ist damit durchaus erfolgreich), dass die Mehrheitsfraktionen die Regierung stützen und die Oppositionsfraktionen die Regierung kritisieren. In der Politikwissenschaft wird die Kontrolle der Regierung durch das Parlament als »neuer Dualismus« bezeichnet, in Abgrenzung zum »alten Dualismus« (Parlament kontrolliert die Regierung). Patzelt konstatiert: »Ganz offensichtlich funktioniert unser Regierungssystem in seinem Kernbereich also anders, als eine Mehrheit der Bevölkerung ... wünscht.«[27]

Unkenntnis sieht man auch bezogen auf die Arbeitsbelastung eines Politikers. Der Münchner Politikdidaktiker Dr. Markus Gloe führt dazu aus: »Spitzenpolitiker leisten oft 60 bis 80 Arbeitsstunden pro Woche. In einer großen Umfrage ... zeigte sich, dass die Bundesbürger die durchschnittliche Arbeitszeit eines Bundestagsabgeordneten dagegen auf 44,5 Stunden pro Woche schätzten.« Und die Vorstellung, was Politiker eigentlich machen, nimmt zum Teil groteske Züge an, so bei einer 24jährigen Erzieherin, die auf die Frage nach dem typischen Tagesablauf eines Bundestagsabgeordneten ausführt:

»Die werden so zwischen neun und zehn in ihren Sälen eintrudeln, gemütlich mit einem Kaffee, quatschen. Dann sitzen sie da die Zeit ab bis 12 Uhr, bis es Mittag gibt, und ich denke mal vielleicht 40 % kommen dann überhaupt noch zurück, der Rest macht dann schon Feierabend (lacht), also spätestens um zwei vielleicht, und ja, ab und zu sind dann diese ›öffentlichkeitswirksamen Auftritte‹ gefragt, die Reden schreiben sie grundsätzlich nicht selbst. Das machen immer irgendwelche anderen Leute für sie.«

Manchen ist vor diesem Hintergrund gar nicht vorstellbar, dass sich Politiker ernsthaft mit Sachthemen beschäftigen, es dominiert das Bild vom streitenden, nur an der eigenen Profilierung interessierten Narzissten. So sagt eine 56jährige Heilpraktikerin nach einem längeren Monolog über den Zusammenhang zwischen Konsumverhalten der Bürger und Produktionsbedingungen in wenig entwickelten Ländern: »Ich würde mir wünschen, dass sich die Politiker all diese Gedanken machen, die wir uns gerade machen. Ich habe immer das Gefühl, die beschäftigen sich gar nicht damit.«

Unkenntnis: »Ich würde als erstes alle Parteien abschaffen ...«

Dr. Siegfried Schiele, der langjährige Direktor der Landeszentrale für politische Bildung Baden-Württemberg, macht an einem plakativen Beispiel deutlich, wie sich Unkenntnis über die Bedeutung von Parteien ausdrückt: In einem Leserbrief unter der Überschrift »Wenn ich Kanzler/Kanzlerin wäre« schreibt eine 57jährige Selbständige aus Leonberg:

»Meine erste Amtshandlung wäre die Abschaffung des Parteiklüngels. Meine Mitarbeiter, also alle gewählten Volksvertreter, würden völlig parteifrei und nur zum Wohle und Nutzen des Volkes arbeiten. Zugehörigkeiten zu Parteien oder sonstigen Vereinen – auch Glaubensgemeinschaften – würden keine Rolle spielen. Es gäbe keine Linken oder Rechten, keine Opposition – alle hätten die gleichen Rechte und Pflichten und wären zusammen regierungsfähig.«[28]

Dass die freie Gründung von Parteien eine zentrale Errungenschaft der Demokratie ist und die Arbeit im Parlament erst ermöglicht hat, und dass eine politische Auseinandersetzung gerade von der Bündelung von Interessen in Parteien lebt, wird nicht genannt. Der Politikwissenschaftler Prof. Klaus Christoph dazu:

»Der registrierte Vertrauensschwund gegenüber den Parteien und Politikern hat insofern besondere Bedeutung, als die Parteien rechtlich-normativ wie faktisch eine zentrale Stellung innerhalb des politischen Systems der Bundesrepublik einnehmen. Sie haben gegenüber anderen Organisationen einen verfassungsrechtlich hervorgehobene, im Grundgesetz verankerte Stellung ..., die durch die Rechtsprechung des Bundesverfassungsgerichts im Laufe der Zeit noch verstärkt worden ist.«[29]

Demokratische Politik ohne Parteien ist kaum vorstellbar: Denn wer, wenn nicht die Parteien, kümmert sich um mehr als um Partikularinteressen, wer vertritt die Interessen derjenigen, die dazu nicht oder nur eingeschränkt in der Lage sind? Und wo in der Welt gibt es eine stabile Demokratie, in der politischer Streit nicht durch Parteien strukturiert wird?[30]

Dennoch hat die Distanz gegenüber Parteien »eine gewisse Tradition im Bürgertum«, so Verteidigungsminister Thomas de Maizière.[31] Und diese Ablehnung ist eng mit dem Glauben verbunden, dass politische Entscheidungen besser durch Experten getroffen werden sollten, welche die Probleme mit Sachverstand lösen können und sich nicht andauernd streiten müssen. Typisch für diesen Glauben ist auch der Zuspruch, den gerichtliche Entscheidungen erfahren, insbesondere das Bundesverfassungsgericht ist hoch angesehen. Es scheint eine weit verbreitete Überzeugung zu geben, dass Richter Experten sind, die wichtige politische Entscheidungen besser treffen können als ein Parlament. Dass dies in ein autokratisches Regime führen kann, liegt auf der Hand. Dieser Glaube an Experten wird auch bei einem 40jährigen Ladenbesitzer deutlich, der Politiker bei wichtigen Entscheidungen am liebsten ganz außen vor lassen möchte:

»Ja, aber ich denke grundsätzlich anders darüber, ich denke z. B., dass die Politiker bestimmte Sachen überhaupt nicht entscheiden sollen, sondern es eher an bestimmten Fachkräften liegen soll, also wenn z. B. ein neuer Bahnhof gebaut wird oder ein Flugplatz. Da soll man irgendwelche Fachleute zusammensetzen und das beraten lassen. Aber da sollte die Politik eigentlich nichts damit zu tun haben.«

Bloß, wer entscheidet darüber, wer als Experte gilt? Wer bestimmt über die Zusammensetzung von Expertengremien? Und wie geht man damit um, dass sich bei den meisten politisch relevanten Fragen Experten eben *nicht* einig sind, und zwar oftmals weder in der Situationsanalyse, noch in der Zieldefinition, ganz zu schweigen von der Entscheidung für die richtige Strategie? An einem Beispiel veranschaulicht: Die seit dem Jahre 2000 regelmäßig durchgeführte Pisa-Bildungsstudie wird von vielen Erziehungswissenschaftlern als wichtiger Beitrag zur Situationsklärung gesehen, andere kritisieren die Studie von der Anlage her grundsätzlich. Es besteht also Uneinigkeit schon bei der Situationsanalyse. Uneinigkeit besteht auch darin, welche Zielsetzung die Ergebnisse der Pisa-Studie nahelegen. Sollten insbesondere die Naturwissenschaften gefördert werden oder sollte der Fokus vor allem auf Schüler aus bildungsfernen Milieus gerichtet sein? Und selbst wenn man sich auf ein Ziel einigen könnte, über den Weg dahin streiten sich auch die Experten bis heute.

Generell haben Wissenschaftler das Problem, dass sie alleine aus dem was ist, nicht ableiten können, was sein soll. Und eine Entscheidung über »richtiges« Verhalten oder »richtige« Wertvorstellungen kann von der Wissenschaft alleine nicht geleistet werden und ist schlichtweg mit dem Bild eines mündigen Bürgers unvereinbar. Und dennoch liegt gerade in der Expertengläubigkeit breiter Teile der Bevölkerung eine der Ursachen für die Kritik an der Politik. Eine 56jährige Heilpraktikerin meint dazu:

»Nun, was mich dann auch so erbost bei den Politikern, die wechseln ihre Ressorts ohne dass sie es gelernt haben. Der Wirtschaftsminister kann Außenminister, der Finanzminister kann Mutterschaftsminister, die können alles. Und dann wird es unglaubwürdig. Ein anderer muss seine Ausbildung machen und wenn er halt mal Wasserinstallateur ist, dann kann er halt nicht Strom. Aber die Politiker können alles.«

Unkenntnis: »Nur wenn ich mich durchsetze, bin ich politisch erfolgreich.«

Ein Missverständnis ganz anderer Art liegt darin, dass viele glauben, politisches Engagement müsse zwingend mit der erfolgreichen Durchsetzung eigener Interessen gekoppelt sein, also quasi belohnt werden. Nochmals Patzelt:

»Viele Bürger vermuten, der Sinn von Demokratie bestehe darin, die politischen Gestaltungsmöglichkeiten des Einzelnen zu vergrößern – und erleben dann, einmal aktiv geworden, glatt das Gegenteil. Das kann auch gar nicht anders sein, denn gerade demokratische Institutionen machen die Einflussmöglichkeiten des jeweils Einzelnen überaus gering.«[32]

Und weiter: »In Wirklichkeit aber verspricht Demokratie niemals mehr als das Recht, sich um eine Mehrheit zu bemühen, und sie stellt dabei eher die Mühe als die Mehrheit in Aussicht«.[33] Was damit gemeint ist, lässt sich an einem Beispiel mit einem Studierendenstreik erläutern. Als im Wintersemester 2009/2010 in Deutschland an verschiedenen Universitäten sowohl von Seiten der Studentinnen und Studenten als auch von Seiten der Schülerinnen und Schüler gegen die sogenannte Bologna-Reform demonstriert wurde, war die studentische Kritik sofort auf der politischen Agenda, sowohl innerhalb der Hochschulen als auch in der Hochschulpolitik. Als Erfolg werteten die Studierenden dies jedoch nicht, da bislang ja nur geredet worden sei und es noch keine verbindlichen Zusagen gäbe, dass die inhaltlichen Forderungen auch tatsächlich umgesetzt würden.

Was in diesem Zusammenhang auch deutlich wurde, ist die naive Vorstellung, dass die anderen sich nur intensiv genug mit der Thematik und den Argumenten der Studierenden auseinandersetzen müssten, damit sie zu der gleichen Position kämen wie diese. Die Fachdidaktikerin Prof. Sibylle Reinhardt bezeichnet dies als »Illusion der Homogenität«, die unterstellt, alle Menschen seien tatsächlich gleich, und hätten deshalb auch gleiche Interessen.[34] Faktisch haben Menschen aber unterschiedliche Biografien, verschiedene Werte und disparate Interessen. Und deshalb geht es im politischen Prozess gerade darum, einen Ausgleich unterschiedlicher Interessen zu organisieren. Aufgrund der Verschiedenheit der Interessen ist es durchaus ein politischer Erfolg, wenn es gelingt, ein Thema auf die politische Agenda zu setzen. Erst dies kann möglicherweise zu einer Neuorientierung führen – wohlgemerkt: »kann«.

Unkenntnis: »Wer die Mehrheit hat, kann einfach durchregieren.«

Sibylle Reinhardt spricht in diesem Zusammenhang noch ein anderes prominentes Missverständnis an, nämlich die Vorstellung, was eigentlich den Kern der Demokratie ausmacht: »Zu vermuten ist, dass das Missverständnis, die Mehrheitsregel sei das wichtigste Prinzip der Demokratie, weit verbreitet ist.«[35] Das Problem aber ist, dass es bei jeder Mehrheitsentscheidung eine unterlegene Minderheit gibt, die durchaus auch 49 % der Bevölkerung ausmachen kann. Und hier stellt sich dann die Frage: Ist es legitim, die Interessen einer so großen Gruppe einfach zu übergehen? Und müsste Politik nicht eher versuchen einen fairen Interessensausgleich zu organisieren, der nicht einer großen Gruppe klar die Verliererposition zuweist? Die knappe Mehrheitsentscheidung ist in der Politik eher die Ultima Ratio, wenn es im Vorfeld nicht gelingt, eine Lösung zu finden, welche die Interessen der Minderheit nicht zumindest mit berücksichtigt. Dieses Problem lässt sich an einem Beispiel illustrieren: Wenn es einen Kürbis gibt und drei Menschen fordern diesen Kürbis jeweils für sich, wie ließe sich dann dieses Problem lösen?

Eine mögliche Mehrheitsentscheidung könnte darin bestehen,

dass zwei sich darauf einigen, dass sie sich den Kürbis untereinander teilen und der Dritte eben nichts bekommt. Angemessener erschiene hier die gleichmäßige Einschränkung der Bedürfnisse aller Beteiligten, also dass jeder ⅓ von dem Kürbis bekommt. Dieser Kompromiss ist aber auch nicht zwingend die beste Lösung, da es vorher noch zu überlegen gilt, wie man die Situation kreativ verändern könnte, indem man beispielsweise gemeinsam versucht, weitere Kürbisse zu organisieren. Und noch weitergedacht: Möglicherweise genügt sogar ein Kürbis und der Verteilungskonflikt besteht nicht weiter, wenn nach den Bedürfnissen gefragt wird. Falls nämlich einer eine Halloween-Maske bauen möchte, einer eine Kürbissuppe kochen will und der Dritte mit den Samen Kürbisse pflanzen mag, ließen sich mit einem Kürbis die Bedürfnisse aller umfassend erfüllen.[36]

An diesem Beispiel wird deutlich, warum kluge Politik, immer auch versuchen sollte, die Interessen hinter den Positionen zu ermitteln (was natürlich zeitaufwendig ist).[37] Und hier liegt die Ursache für oftmals öffentlich kritisierte Kompromisslösungen, die versuchen, verschiedene Bedürfnisse zu berücksichtigen, um politische Konflikte zu lösen. Wo dann jeder zwar ein wenig zurückstecken muss, aber auch seine Interessen zumindest teilweise gewahrt sieht. Nimmt man diesen Gedankengang ernst, wird klar, warum eine parlamentarische Mehrheit eben kein Garant dafür ist oder sein kann (und auch nicht sein sollte), Widerstände der Minderheit einfach ignorieren zu können.

Stammtischparolen und eine niveaulose Auseinandersetzung über Politik sowie die Verächtlichmachung von Politikern gibt es also in vielen Varianten. Stammtischparolen sind aber nicht nur ein intellektuelles Ärgernis in dem Sinne, dass dadurch anregende Gespräche oftmals unterbleiben. Sie sind auch ein politisches Problem, da die Wechselwirkungen zwischen Bürgern und Politik beträchtlich sind und dies für die gesamte Gesellschaft negative Konsequenzen hat.

»Ich lerne, nicht mehr laut zu denken.« (Wolfgang Kubicki, MdB)

2 Von der Politikverdrossenheit zur Bürgerverdrossenheit

Als der damalige SPD-Kanzlerkandidat Oskar Lafontaine im ersten gesamtdeutschen Bundestagswahlkampf ankündigte, die Wiedervereinigung sei ohne Steuererhöhung nicht zu schultern, war er chancenlos gegen Kanzler Helmut Kohl, der erklärte, man würde dies problemlos ohne neue Steuern schaffen können. Rückblickend betrachtet, hatte Lafontaine zwar Recht, gebracht hat ihm dies freilich nichts, da er auch dank dieser Aufrichtigkeit die Wahlen verloren hat. Und die SPD hat gelernt, dass Recht haben nicht alles ist, sondern, dass der Souverän in Wahlen nicht die ganze Wahrheit hören möchte. Ähnlich erging es Angela Merkel im Bundestagswahlkampf 2005, als sie für den Fall ihrer Wahl eine Mehrwertsteuererhöhung von 2 % ankündigte. Die SPD schloss damals eine Steuererhöhung kategorisch aus und konnte in einem nicht mehr erwarteten Endspurt zumindest bis auf ein Prozent an die Union herankommen und diese in eine große Koalition zwingen. Nur am Rande bemerkt: Diese große Koalition erhöhte die Mehrwertsteuer dann um 3 %.

Auch die Union hat daraus gelernt: Kassandrarufe sind unbeliebt. Und wer beliebt sein will, sprich gewählt werden möchte, verspricht eben blühende Landschaften oder mehr Netto vom Brutto. So im Bundestagswahlkampf 2009, als es jeder politischen Redlichkeit widersprach, Steuersenkungen in Aussicht zu stellen. Politiker verhalten sich also durchaus pragmatisch, da wir eine Wechselwirkung zwischen Wählern und Gewählten haben, die sich zu einem Teufelskreis entwickeln kann. Sehr schön beschreibt die ehemalige Bundesministerin Andrea Fischer, was aus dieser Problematik folgt:»Wenn die Bürger Ehrlichkeit nicht honorieren, dann kriegen sie die feigen Politiker, die sie verdienen. Wenn sie sich nicht auf ihre Stärken besinnen …, dann werden sie weiter in Unmündigkeit gehalten.«[38]

2.1 Feige Politik als Konsequenz der Bestrafung von Aufrichtigkeit

Veranschaulichen lässt sich diese Problematik auch mit einem Phänomen aus der Wirtschaftswelt, der sogenannten »inneren Kündigung«[39] Was ist damit gemeint? Wenn Mitarbeiter von ihrem Vorgesetzten nicht ernst genommen werden, haben sie die Möglichkeit zu kündigen oder sich an die Vorstellungen ihres Chefs anzupassen. Und hier besteht die Gefahr, dass Mitarbeiter, die nicht kündigen wollen (oder können), künftig ihre ganze Energie darauf verwenden, beim Chef nicht unangenehm aufzufallen, sondern vielmehr ihm sogar zu gefallen. Und dies ist nur auf dem ersten Blick im Interesse des Vorgesetzten, da es für die Produktivität eines Unternehmens fatal sein kann, wenn ein Mitarbeiter nicht wirklich motiviert ist, Leistung zu erbringen, sondern nur den Schein von Leistungsbereitschaft erzeugen möchte. Innere Kündigung ist darüber hinaus auch für den Arbeitnehmer selbst problematisch, da eine Tätigkeit, die nur noch den Sinn hat, den eigenen Status zu erhalten, wenig befriedigend ist.

Wie kommt es aber zur inneren Kündigung? Bei der inneren Kündigung handelt es sich nicht um eine spontane Reaktion auf ein bestimmtes Ereignis, sondern um einen Prozess mit eigener Dynamik. Wenn Mitarbeiter im Berufsalltag negative Erfahrungen machen, versuchen sie im Normalfall ihre Situation zu verbessern, indem sie z.B. den Vorgesetzten verschiedene Vorschläge unterbreiten. Tritt daraufhin keine Änderung ein, da die Änderungsvorschläge beispielsweise abgelehnt werden, wird die Suche nach einer Verbesserung der Situation intensiviert oder auch ein Wechsel des Arbeitsplatzes erwogen. Ist letzteres nicht realisierbar und führen auch die Bemühungen des Arbeitnehmers die Situation zu verbessern zu keiner Änderung, kann sich ein Gefühl des Ausgeliefertseins und der Hoffnungslosigkeit entwickeln. Wenn der Mitarbeiter darüber hinaus die Einschätzung entwickelt, über keine oder nur geringe Möglichkeiten zur Situationskontrolle zu verfügen und keinen Handlungsspielraum zu haben, ist die Gefahr der Resignation gegeben. Dies kann zu einem inneren Rückzug des Mitarbeiters führen und dazu, dass dieser sein Engagement künftig auf die Kaschierung seines Rückzuges und auf außerberufliche Felder lenkt. Eine bedeutende Ursache für negative Erfahrungen eines Mitarbeiters liegt häufig im Verhalten des Vorgesetzen, insbesondere auch in Kommunikationsfehlern: Vorgesetzte, die Leistungen des Mitarbeiters nicht würdigen und ihn ständig kritisieren oder gar demütigen, sind eine der Hauptursachen.

Und damit sind wir beim Thema Politikerverdrossenheit. Die beschriebene Problematik der inneren Kündigung lässt sich auch auf das Verhältnis zwischen Bürgern und Politikern übertragen. Hier wären dann die Wähler die Arbeitgeber, also die Vorgesetzten des Politikers, da letztlich sie alle paar Jahre darüber entscheiden, ob einem Politiker gekündigt wird oder ob er weiterhin einen befristeten Vertrag bekommt. Wenn man nun davon ausgeht, dass viele Politiker ihren Job gerne behalten möchten, sei es aus idealistischen oder sei es aus pragmatischen Motiven heraus, spricht vieles dafür, sich an den Wünschen des Vorgesetzten, also am Wähler, zu orientieren. Dies ist zwar auch der Kerngedanke der Demokratie, aber gut funktionieren kann das nur solange, wie sich die Bürger auch der Verantwortung stellen, sich mit politischen Herausforderungen ausein-

Fehlende Wertschätzung politischen Einsatzes

anderzusetzen. Wenn nun aber ein Politiker erkennt, dass sein Arbeitgeber (sprich der Wähler) weder über wirkliche Probleme informiert werden möchte noch einen problembewussten Diskurs zu führen bereit (oder in der Lage) ist, wird er sein Verhalten primär an dem orientieren, was für eine Verlängerung seines Arbeitsverhältnisses (seines Mandates) dienlich ist. Im *worst case* wird sein Engagement also nicht mehr darauf ausgerichtet sein, die bestmögliche Politik zu machen, sondern darauf, beim Wähler positiv aufzufallen. Wie gesagt: Wenn die Bürger politischen Mut nicht honorieren, kriegen sie die feigen (und möglicherweise innerlich gekündigten) Politiker, die sie verdienen.

Was aber wäre politisch mutig? Politisch mutig wäre es beispielsweise gewesen, an der seit 1957 geltenden Rentenformel festzuhalten, die bei einem Sinken der Lohnsumme für das Folgejahr ein Sinken der Renten zur Folge haben würde. Stattdessen wurde 2009, als man eine derartige Entwicklung fürchtete, eine Rentengarantie verabschiedet, die bei sinkenden Löhnen dennoch die Stabilität der Rente sichert. Ursache dafür war die parteiübergreifende Erkenntnis, »Renten kürzen ist politischer Selbstmord«.[40] Die drohende Rentenmisere für künftige Rentnergenerationen wurde durch diese Entscheidung verschärft.

Mutig wäre es schon heute darauf hinzuweisen, welche Konsequenzen die sogenannte Schuldenbremse im Grundgesetz ab 2016 haben wird. Übermütig wäre es gewesen, dies schon vor Einführung der Schuldengrenze ausführlich zu thematisieren. Worum geht es bei diesem Thema? Dass Schulden einen Staat an den Rand des Zusammenbruchs führen können, ist nicht erst seit Irland oder Griechenland bekannt. Und dass die Schulden in Deutschland immer schneller steigen, und dass dies eine politische Reaktion erfordert, ist parteiübergreifend Konsens – zumindest unter den Haushaltspolitikern und unter denen, die Generationengerechtigkeit auch unter dem Aspekt finanzieller Gestaltungsspielräume betrachten. Vor diesem Hintergrund verankerte die Große Koalition 2009 im Grundgesetz die sogenannte Schuldenbremse, die ab 2016 dem Bund und den Ländern sehr enge Schranken für neue Schulden setzt. Der Journalist und Autor Nikolaus Blome dazu: »Weil die deutschen Politiker (aus gutem Grund) glauben, dass hemmungsloses Schuldenmachen bei Wahlen in Deutschland nicht schadet und sauberes Haushalten nichts nutzt, haben sie das Budgetrecht vor den Wählern (und sich selbst) in Sicherheit gebracht.«[41]

Mutig wäre es eine öffentliche Diskussion darüber anzustoßen, nach welchen Kriterien künftig festgelegt werden soll, welche medizinischen Behandlungen allgemein finanziert werden sollen und welche privat abgesichert werden müssen. Hintergrund für die Notwendigkeit dieser Diskussion ist, dass sowohl die demographische Entwicklung als auch der medizinische Fortschritt zu immer mehr kranken Menschen führen werden. – Nur auf dem ersten Blick widersprüchlich: Je besser die medizinische Betreuung, umso mehr wachsen die Kosten für das Gesundheitssystem. Einigkeit besteht unter Gesundheitsexperten, dass medizinische Leistungen selbst dann rationiert werden müssten (übrigens auch schon längst werden), wenn die finanziellen Mittel vervielfacht werden würden. Doch wer soll darüber entscheiden, welche medizinischen Leistungen allgemein finanziert werden sollen und welche nicht? Der FAZ-Kommentator Rainer Hank[42] zu dieser Problematik: »Was kollektiv und was privat versichert wird, lässt sich nicht dekretieren. Darüber muss ein gesellschaftlicher Konsens gefunden werden. Das geht aber erst, wenn die Notwendigkeit der Rationierung endlich nicht mehr tabuisiert wird.« Vor knapp 10 Jahren thematisierte der Vorsitzende der Jungen Union Philipp Mißfelder diese Problematik in einer Art und Weise, die durchaus kritikwürdig ist: »Ich halte nichts davon, wenn Fünfundachtzigjährige noch künstliche Hüftgelenke auf Kosten der Solidargemeinschaft bekommen.« Mißfelder wurde insbesondere aufgrund dieses Statements damals derart scharf kritisiert, dass heute Politiker diese Thematik um jeden Preis meiden, was die Situation hinter den Kulissen weiter eskalieren lässt und zu intransparenten Verfahren führt. Dieses Problem ist durchaus hochkomplex und die Priorisierung kollidiert mit allgemeinen Gerechtigkeitsvorstellungen in unserem Wohlfahrtsstaat. Erschwerend kommt hinzu, dass die Priorisierung den Bürokratieaufwand und den Grad der Einmischung in private, sehr intime Bereiche vergrößern würde. Und gerade deshalb ist ein von der Politik mit angestoßener öffentlicher Diskurs unvermeidbar. Wie so etwas geht, zeigt der Blick auf Norwegen, Schweden und die Niederlande, die schon länger öffentlich darüber streiten und Modelle erproben, wie Prioritäten in der Gesundheitsversorgung gesetzt werden können.[43]

Mutig wäre es auch, die längst eingetretene »Wende zum Weniger« zu thematisieren, die Bernd Ulrich, stellvertretender Chefredakteur der Wochenzeitung DIE ZEIT, bereits 1997 beschreibt.

»Wir haben uns daran gewöhnt, aus sehr viel Wohlstand relativ wenig Glück und Zufriedenheit zu ziehen. Bisher lag darin kein allzu großes Problem; schließlich wuchs der Wohlstand ja unablässig; das erleichterte. Jetzt aber sind die Zeiten überquellenden Reichtums vorbei. Nie wieder werden so viele Menschen so reich und so sicher leben wie in den westlichen Wohlstandsgesellschaften am Ende des 20. Jahrhunderts. Politiker und Bürger stehen vor einer völlig neuen Herausforderung. In Zukunft nämlich muß [sic!] weniger Wohlstand genügen, um Sozialstaat und Demokratie zu erhalten – und um glücklich zu sein.«[44]

Versuche, dies von Seiten der Politik her zu thematisieren, gab es mit der Einrichtung einer Enquete-Kommission »Wachstum, Wohlstand, Lebensqualität«, deren Arbeit Anfang 2013 abgeschlossen wurde und die als »gescheitert« betrachtet wird, da sie lediglich ein Ergebnis mit »vielen offenen Fragen« vorlegen konnte, so die Vorsitzende der Kommission Daniela Kolbe.[45] Statt Alternativen zur Fokussierung auf Wirtschaftswachstum ernsthaft zu reflektieren, wird weiter die Illusion genährt, durch Wachstum ließen sich alle Probleme lösen.[46]

Auch bei dem letzten Beispiel liegt die Vermutung nahe, dass es nicht intellektuelle Defizite der amtierenden Politiker sind, die zu einer Problemignorierungsstrategie führen, sondern vielmehr die Angst, wie die Bürger auf eine offene Thematisierung reagieren könnten. Wir haben es also mit einer Wechselwirkung zwischen Wählern und Gewählten zu tun. Prof. Werner J. Patzelt, Politikprofessor in Dresden, dazu: »Dergestalt prägt, was man als Politiker den Bürgern *zumuten* zu können glaubt, von vorherein demokratische Politik. Und somit erweist sich das Ausmaß politischen Durchblicks im Volk als Schlüsselfaktor politischer Gestaltungsmöglichkeiten.«[47] Problematisch daran ist nicht nur, dass drängende politische Probleme oftmals nicht thematisiert werden, sondern dass dies mittelfristig in ein politisches System führt, welches der britische Politikwissenschaftler Colin Crouch als Postdemokratie beschreibt. Darunter versteht Crouch

»ein Gemeinwesen, in dem zwar nach wie vor Wahlen abgehalten werden ..., in dem allerdings konkurrierende Teams professioneller PR-Experten die öffentliche Debatte während der Wahlkämpfe so stark kontrollieren, dass sie zu einem reinen Spektakel verkommt, bei dem man nur über eine Reihe von Problemen diskutiert, die die Experten zuvor ausgewählt haben.«[48]

In einer Postdemokratie ist die Beteiligung der Bürger nicht länger notwendig, sie wird vielmehr sogar als störend empfunden. Die Lösung politischer Probleme erfolgt über Expertenkommissionen, die versuchen, zu ermitteln, was dem Allgemeinwohl dienlich ist. Auch wenn es sich bei der Postdemokratie aufgrund der Wahlen formal um eine Demokratie handelt, erscheint sie als wenig attraktive Alternative, möchte man selbst als mündiger Bürger ernst genommen werden. Und es ist fraglich, wie ein solches Gemeinwesen längerfristig zusammengehalten werden kann. Denn wie sollen sich Bürger mit einem Staat identifizieren, in den sie sich nicht einbringen können?

2.2 Politiker auf dem Rückzug

Die Feigheit der Politik und die innere Kündigung von vermutlich gar nicht so wenigen Politikern sind Konsequenzen eines oberflächlichen öffentlichen Diskurses über Politik. Daraus und aus der ständigen Verächtlichmachung des politischen Personals folgt aber noch mehr, etwas was der Politikwissenschaftler Prof. Karl-Rudolf Korte als »Bevölkerungsverdrossenheit der Politiker« bezeichnet.[49] Was damit gemeint ist, wird deutlich, wenn man das Buch von Nikolaus Blome liest. In »Der kleine Wählerhasser – Was Politiker wirklich über die Bürger denken« beschreibt Blome, was Politiker nur in Hintergrundgesprächen zu sagen wagen. Blome, der als Leiter des Hauptstadt-Korrespondentenbüros einer Boulevardzeitung etliche derartiger Hintergrundgespräche führen konnte, verdichtet das Bild, welches Politiker vom Bürger haben. Alleine eine Auswahl der Kapitelüberschriften aus »Der kleine Wählerhasser« macht deutlich, dass es kein besonders positives Bild ist: »Der Wähler ist a Sau«, »Vox populi, vox Rindvieh«, »Die Leute interessieren sich doch gar nicht für Politik«, »Ein Drittel Irre ist immer dabei«, »Das kann man nicht laut sagen« oder »Das verstehen die Leute eh nicht«. Auch Blome betont die Wechselwirkung zwischen Politikerverdrossenheit und Bürgerverdrossenheit: »Die einen überlegen, ob sie überhaupt noch wählen sollen, und die anderen, warum sie überhaupt noch reden sollen.«[50]

Der Kabarettist Bruno Schmitz spitzt vermutlich nur unwesentlich zu, wenn er als fiktiver SPD-Politiker namens Peter Holzmeier sagt:

»Und wenn ich das schon höre: Wir sind das Volk! Wir sind das Volk! Da krieg ich die Krätze. Ja klar seid ihr das Volk. Aber wir sind die Regierung! Und wir hätten auch lieber ein Volk, das nicht so brunzdumm ist. Was war das erfolgreichste deutsche Buch des letzten Jahres? Die Biografie von Dieter Bohlen. Was war die erfolgreichste deutsche Platte? Die letzte von Dieter Bohlen. Und wer war in der Pisa-Studie hinter Bangladesch? Ihr. Ihr seid einfach doof wie 100 Hektar Mischwald. Ich bin hochausgebildet. Ich hab studiert. Und nur weil ihr mich drei Minuten wählt, soll ich mich von euch dafür vier Jahre anpissen lassen?«[51]

Oder, um mit dem Politikwissenschaftler Patzelt eine weitere Konsequenz eines oberflächlichen und verächtlichen Diskurses über Politik anzusprechen: »Wie viel Politikverachtung verträgt die politische Klasse, bevor sie sich auf Selbstsucht und Zynismus zurückzieht?«[52] Diese Frage lässt sich mit dem FDP-Politiker Wolfgang Kubicki beantworten, der bereits jetzt eine Veränderung des politischen Diskurses feststellt: »Es gibt keinen Tiefgang, kaum wirklich große Diskussionen um die wirklich wichtigen Dinge.« Und weiter sagt Kubicki: »Ich lerne, nicht mehr laut zu denken. Aber das nervt mich, weil ich das weder als Anwalt noch als Mensch gewohnt bin. Immer soll man nur in kleinen geheimen Zirkeln denken und reden. Das Problem von kleinen Zirkeln ist doch: Man denkt da drin auch begrenzt.«[53] Den Politikern fehlen also aufgrund dieser vorsichtigen Haltung Möglichkeiten eines vertiefenden politischen Austausches. Dies beschränkt dann auch zwangsläufig die Erkenntnismöglichkeiten von Politikern, die eigentlich eine Problematik umfassend von verschiedenen Seiten beleuchten sollten, dies aber aufgrund ihrer (begründeten) Ängstlichkeit nicht wagen.

Der Rückzug, von dem Patzelt spricht, ist also bereits im Gange. Hierin sind sich Politikwissenschaftler und Politiker durchaus einig. Die einen sprechen vom »autistischen Subsystem Berliner Republik« (Prof. Karl-Rudolf Korte)[54], die anderen von »Parallelwelten« (Bundesminister a. D. Norbert Röttgen).[55] Auch Journalisten, wie der ehemalige ZEIT-Chefredakteur Robert Leicht warnen davor, dass sich Politiker und Bürger immer weiter aus den Augen verlieren und dass »Expertokratie und Demokratie« weiter auseinanderfallen.[56] Erschwerend kommt hinzu: Diese Kommunikationsstörung zwischen Bürgern und Politikern verstärkt genau das, was Bürger an Politikern kritisieren, konkret, dass Politiker viel zu weit weg sind vom Bürger. Das Problematische ist, dass es sich hierbei um einen Teufelskreis handelt: Je mehr Politiker sich abschotten, umso größer empfinden die Bürger die Distanz zu Politikern, umso verächtlicher sprechen sie über Politiker und umso mehr ziehen sich Politiker weiter zurück. Der schon verstorbene Kommunikationsforscher Paul Watzlawick bezeichnet diese Problematik als Interpunktion von Ereignisfolgen.[57] Damit ist gemeint, dass beide Akteure (also sowohl die Bürger als auch die Politiker) jeweils ihr Verhalten als Reaktion auf das Verhalten des jeweils anderen verstehen. Und die Frage, wer eigentlich angefangen hat, lässt sich genauso wenig beantworten wie die Frage, ob es zuerst das Huhn oder das Ei gegeben hat.

Bedeutsam ist noch etwas anderes: Die Folge ist ein Klima, welches ziemlich genau dem Gegenteil von dem entspricht, was der Erziehungswissenschaftler Prof. Axel Burow als Voraussetzungen für innovative Lösungen bezeichnet. In seinem Buch »Kreativität gibt es nur im Plural«[58] nennt Burow als Voraussetzungen für kreative Felder, u. a. eine vielfältig zusammengesetzte Diskursgruppe und eine vorurteilsfreie, offene, nicht bewertende, dialogische Denk- und Kommunikationskultur sowie eine Struktur, die Selbstorganisation und Begegnung ermöglicht.[59] Politiker, die sich abschotten, die lernen, nicht mehr laut zu denken, und die die Bürger als Gesprächspartner nicht wirklich ernst nehmen (können), haben also ein strukturelles Kreativitätshindernis.

Man kann hier auch mit dem renommierten Philosophie- und Soziologieprofessor Jürgen Habermas und seiner 1981 erschienen »Theorie des kommunikativen Handelns« argumentieren. Für Habermas ist der herrschaftsfreie Diskurs Maßstab für den Emanzipationsgrad einer Gesellschaft. Ein herrschaftsfreier Diskurs ist nach Habermas einer, bei dem es keine Verzerrung der Kommunikation gibt. Demnach sollten alle Diskussionsteilnehmer gleiche Chancen der Dialoginitiation und -beteiligung haben, und auch die gleichen Chancen auf Thematisierung und Problematisierung aller Meinungen. Es geht beim herrschaftsfreien Diskurs um eine Aushandlung von individuellen Geltungsansprüchen der einzelnen Akteure. Grundlage für eine Diskussion wären hierbei

Verständlichkeit, objektive Wahrheit, normative Richtigkeit und subjektive Wahrhaftigkeit. Voraussetzung für einen solchen Diskurs ist natürlich die wechselseitige Wertschätzung der Akteure. Und diese ist heute zwischen Bürgern und Politikern nicht ausreichend gegeben, sie ist vielmehr sogar am Schwinden. Sowohl von Seiten der Bürger als auch von Seiten der Politiker entsteht eine immer größer werdende Distanz, was dazu führt, dass beide sich voneinander abschotten. Dadurch wird auch eine Tendenz zur Herrschaft weniger, also zur Oligarchie verstärkt, etwas, was in der Politikwissenschaft als »Ehernes Gesetz der Oligarchie« bereits seit über 100 Jahren diskutiert wird.[60] Diese, von Dr. Robert Michels formulierte Theorie geht davon aus, dass größere Gruppen zwangsläufig eine bürokratische Struktur entwickeln müssen, um effektiv handeln zu können. Diese Struktur wird dann von Leuten verwaltet, die aufgrund ihres Amtes mehr Entscheidungen treffen als die anderen. Dabei bilde sich, so Michels, innerhalb dieser Bürokratie mit der Zeit eine Machtelite aus, die aufgrund ihrer auf zunehmender Erfahrung basierenden Kompetenz immer mehr von der eigenen Unersetzbarkeit und Unfehlbarkeit überzeugt ist. Die Herausbildung einer Oligarchie sei deshalb Organisationen allgemein und damit auch Parteien inhärent.[61] Eine Konsequenz: Je mehr Erfahrung und damit auch Kompetenz ein Politiker hat, desto mehr Chancen hat er tendenziell wieder ins Parlament zu kommen.

Zunehmende Distanz zwischen Bürgern und Politikern

An diesem Punkt setzen die populären und zum Teil populistischen Schriften des Parteienkritikers Prof. Hans Herbert von Arnim an. Eine Auswahl seiner Publikationen: »Fetter Bauch regiert nicht gern: Die politische Klasse – selbstbezogen und abgehoben«, »Die Deutschlandakte: Was Politiker und Wirtschaftsbosse unserem Land antun« oder »Der Staat als Beute: wie Politiker in eigener Sache Gesetze machen«. Derartigen Oligarchisierungstendenzen kann man möglicherweise zum Teil durch strukturelle Änderungen begegnen, wie sie von Arnim vorschlägt. Wichtiger ist aber, dass kritische Bürger in und außerhalb von

Parteien immer wieder aufs Neue ihr Recht auf Beteiligung einfordern – nicht larmoyant und verächtlich sondern selbstbewusst und mit Niveau. Doch genau hier fehlt in hohem Maße der direkte Austausch der Bürger mit den Parteien; persönliches Engagement in Parteien erscheint vielen Bürgern immer mehr wie »ein leicht perverses Hobby«.[62]

2.3 Parteipolitisches Engagement als leicht perverses Hobby

Das öffentliche Schlechtreden von Politik und Politikern hat eine weitere sehr problematische Konsequenz: Immer weniger Bürger engagieren sich in Parteien und immer weniger sind bereit, Politiker zu werden.

Zu Letzterem: Politiker ist einer der Berufe mit sehr geringem Prestige. Dies bestätigt sich immer wieder aufs Neue in der vom Meinungsforschungsinstitut Allensbach ermittelten Berufsprestige-Skala, in der nur Banker und Fernsehmoderatoren ein geringeres Prestige haben.[63] Und warum sollte etwas, was so wenig Anerkennung findet, erstrebenswert sein? Viele Bürger glauben, dass Politiker problematische Eigenschaften haben müssen, so die schon zitierte 56jährige Heilpraktikerin, welche energisch die Frage verneint, ob sie sich selbst vorstellen könne, Politikerin zu werden: »Und zwar deswegen, weil ich zu ehrlich bin. Und weil es für mich ganz wichtig ist, immer die Wahrheit sagen zu dürfen. Ich will nicht Recht haben, aber ich will meine Wahrheit sagen dürfen. Und ich glaube, dass das Politiker nicht machen dürfen.« Auch diejenigen, die selbst ein eher differenziertes Politikerbild haben, wissen um die Stigmatisierung dieser Berufsgruppe. So ein 24jähriger Student der Geschichte und Politik, der zwar im gesamten Interview sehr differenziert argumentiert und oftmals eine Lanze für die Politiker bricht, aber dennoch diesen Beruf mit einem harschen Urteil für sich ausschließt: »Weil das ein Scheißjob ist! Ich habe ein anderes Bild von Politikern, aber die meisten haben ein sehr schlechtes, darum will ich es auch nicht machen.« Ähnlich argumentiert ein Politikprofessor, der den Beruf des Politikers für sich ablehnt, da dieser »Härte« erfordere, »um Anfeindungen und Angriffe nicht auf die eigene Person, sondern die eigene Rolle zu beziehen.« Und dafür »sollte man entsprechend ›geschnitzt‹ sein.« Der Journalist Nikolaus Blome schildert in diesem Zusammenhang ein Schlüsselerlebnis:

»Wir haben mal in einem Kreis von Kollegen zusammengesessen und uns gefragt: Würden wir eigentlich selber Politiker werden wollen? Antwort: Kaum einer würde auch nur auf den Gedanken kommen. Warum? Weil man sich sozialer Ächtung und letztlich auch einer umfassenden Kontrolle durch die Öffentlichkeit aussetzt. Letzteres muss sein, aber der Preis, den Politiker persönlich dafür zahlen, ist hoch.«[64]

Wenn aber nur wenige bereit sind, Politiker zu werden, stellt sich mit Patzelt die Frage: »Woher sollen dann aber die angeblich so ersehnten ›besseren Politiker‹ kommen?«[65] Zugegeben, das Problem ist nicht neu: Bereits 1919 äußerte sich der Soziologe Max Weber in seinem Vortrag »Politik als Beruf« über die besondere Herausforderung, die in diesem Beruf liegt: »Nur wer sicher ist, dass er daran nicht zerbricht, wenn die Welt von seinem Standpunkt aus gesehen zu dumm oder zu gemein ist für das, was er ihr bieten will, dass er dem gegenüber: ›dennoch‹ zu sagen vermag, nur der hat den ›Beruf‹ zur Politik.«[66] Wer will aber unter den aktuellen Umständen heute noch zur Politik »berufen« sein? Das Problem ist, dass die Verachtung gegenüber Politikern zunimmt und dass zugleich die unrealistischen Erwartungen an Politiker immer größer werden. Beispielsweise wird heute keiner mehr freiwillig in die Politik wechseln, der bei seiner eigenen Doktorarbeit auch nur den geringsten Zweifel hat, dass er sämtlichen damals gültigen Standards entsprochen hat und auch den heute gültigen Erwartungen entspricht.[67] Und betrachtet man mit Abstand, warum Politiker in den letzten Jahren zurücktreten mussten, kann man dem ehemaligen Außenminister Joschka Fischer nur beipflichten, der eine Kandidatur für das Bundespräsidentenamt nach dem Rücktritt von Christian Wulff für sich ausschloss und wie folgt begründete: »Ich habe mein Leben so geführt, dass ich den hohen moralischen Standards, die neuerdings an öffentliche Ämter durch die Medien angelegt werden, nicht mehr gerecht werde. Demnächst wird der Bundespräsident über das Wasser wandeln müssen und dann wird man ihn fragen, ob er am Ende den Erwerb dieser Fähigkeit sich nicht hat subventionieren lassen.«[68]

Das schlechte Image der Politiker ist eng verbunden mit der großen Ablehnung von Parteien. Die ehemalige Zeit-Redakteurin und jetzige Kieler Oberbürgermeisterin Dr. Susanne Gaschke erklärte hierzu mit leichtem Sarkasmus: »Wer heute, tatsächlich Mitglied einer Partei ist, wird beäugt, als pflege er ein exotisches, möglicherweise leicht perverses Hobby.«[69] Und tatsächlich ist die Mitgliederentwicklung der letzten 20 Jahre nach den Ergebnissen des Politikwissenschaftlers Prof. Oskar Niedermayer durchaus alarmierend: Zwischen 1990 und 2010 sank die Zahl der Parteimitglieder um über eine Million von 2,4 auf etwas über 1,3 Millionen.[70] Auch hier haben wir es mit einem Teufelskreis zu tun. So erklärt der Politikprofessor Helmar Schöne das geringe Vertrauen in Politik und Politiker auch mit der abnehmenden Bedeutung von Parteien: »Wo es immer weniger Parteimitglieder gibt, sinkt die Zahl derjenigen, die mit Politikern selbst Kontakt haben, immer weiter.« Und je größer die Verachtung gegenüber Politik und Politikern, umso geringer ist die Bereitschaft, sich in einer Partei zu engagieren.

Politikverdrossenheit vergrößert die Distanz zu Politikern

Der zuletzt beschriebene Teufelskreis ist ein Hinweis darauf, warum politische Stammtischparolen in unserer Gesellschaft zunehmen. Welche anderen Ursachen lassen sich dafür nennen und wie kann gegen Stammtischparolen vorgegangen werden?

»Die Angst vor dem Statement«
(Nina Pauer)

3 Warum Stammtischparolen so verbreitet sind und was man dagegen tun kann

Wenn Stammtischparolen politische Alltagsgespräche dominieren, entstehen Vorstellungen über Politik und Politiker, die nicht den realen Tatsachen entsprechen beziehungsweise diese verzerren – mit den geschilderten problematischen Konsequenzen. Insofern ist die Frage relevant, wie weit Stammtischparolen verbreitet sind und inwieweit sie politische Alltagsgespräche wirklich dominieren. Die Forschung gibt hier einige Hinweise dahingehend, dass es sich bei Stammtischparolen tatsächlich eher um ein Mehrheits- als um ein Minderheitenphänomen handeln könnte. Die Unkenntnis oder Ignoranz gegenüber Politik zeigt beispielsweise eine Forschungsübersicht des Politikwissenschaftlers Prof. Jürgen Maier zur der Frage »Was wissen die Bürger über Politik?« Nach der Betrachtung bislang durchgeführter Studien zu dieser Frage kommt Maier zu dem ernüchternden Fazit: »Mit Blick auf das politische Wissen ist zwischenzeitlich gut belegt, dass zwischen dem Ideal des gut informierten – und damit prinzipiell zu ›rationalen‹ Entscheidungen fähigen Bürgers – und der Realität eine erhebliche Diskrepanz besteht.«[71] Und auf der Einstellungsebene ermittelt eine Forschungsgruppe der Universität Hannover in einer Studie, »dass die von den Parteien und den Politikern Enttäuschten … tatsächlich mehr als

50 % ausmachen.«[72] Ähnlich kommt eine Studie der Friedrich-Naumann-Stiftung zu dem Ergebnis, dass gerade einmal 16 % der Bevölkerung mit der »Bürgernähe der Parteien« zufrieden sind, 39 % sind »weniger zufrieden« und 43 % »gar nicht zufrieden.«[73] Auch europäische Vergleichsstudien machen deutlich, dass Politik(er)verdrossenheit in Deutschland relativ weit verbreitet ist. Laut Eurobarometer 2006 ist beispielsweise die Zufriedenheit mit dem Funktionieren der Demokratie in Deutschland im Vergleich zu anderen westeuropäischen Staaten unterdurchschnittlich. Während in den anderen westeuropäischen Staaten im Schnitt 66 % der Bevölkerung die Frage nach der Zufriedenheit mit dem Funktionieren der Demokratie im eigenen Land bejahen, sind es in Deutschland gerade einmal 55 %. Unzufriedener sind in Westeuropa nur die Bürger in Italien, Griechenland, Malta, Frankreich und Portugal.[74] In das Bild passt auch, dass Politiker die Berufsgruppe sind, der am wenigsten vertraut wird, mit weiterhin sinkender Tendenz. So ermittelt der GfK-Vertrauensindex für 2011 dass gerade einmal 9 % der Deutschen ihren Politikern vertrauen. Zum Vergleich: Werbefachleuten vertrauen 33 %.[75]

Unzufriedenheit der Bürger trotz funktionierender Demokratie

Giovanni di Lorenzo, Chefredakteur der Zeit kommentiert diese Situation: »So katastrophal schlecht ist das Ansehen der amtierenden Politiker heute, dass man sie schon wieder verteidigen muss. Und zwar nicht aus Nachsicht … Sondern aus Sorge um die parlamentarische Demokratie in Deutschland, der wir Frieden, Freiheit und Wohlstand, kurzum: alles zu verdanken haben.«[76] Um aber Politik und Politiker gegen Stammtischparolen und einen oberflächlichen verächtlichmachenden politischen Diskurs zu verteidigen, ist die Frage entscheidend, wie es eigentlich zur Verbreitung von Stammtischparolen kommt und wie verschiedene Akteure hier gegenwirken können.

3.1 Politik: Verächtlichmachung des politischen Gegners oder intellektuell spannende Vermittlung

Wenn über Politik- und Politikerverdrossenheit geschrieben wird, wird oftmals fast ausschließlich das Verhalten der Politiker als Ursache dafür gesehen. Wir hingegen behaupten in unserer Streitschrift, dass Politiker weit besser sind als ihr Ruf. Und wir betonen die Wechselwirkung zwischen Politikern und Bürgern, die zu einer solchen Situation führen. Dennoch lohnt in der Tat auch der Blick darauf, was der Beitrag der Politiker zu einem oberflächlichen und gegenüber Politikern verächtlichen öffentlichen Diskurs ist.

Wenn Politiker über andere Politiker und deren inhaltliche Vorstellungen sprechen, ist der Ton oftmals nicht sehr viel anders als bei politikerverdrossenen Bürgern. Demnach seien die gegnerischen Politiker konzeptionslos, verfügen über keinen klaren Kompass, agieren dilettantisch, machen unsinnige Vorschläge oder seien fachlich inkompetent. So bringt beispielsweise eine Google-Abfrage zu *konzeptionslose Politik* nicht nur über 70 000 Treffer, sondern es zeigt sich auch, dass dieser Vorwurf gerade von Politikern gegenüber anderen Politikern erhoben wird. Und wenn man recherchiert, wie sich Spitzenpolitiker äußern, finden sich nicht nur unzählige Beispiele für ehrverletzende Formulierungen sondern auch für gängige Stammtischparolen. Beispielsweise äußerte sich der FDP-Spitzenkandidat Rainer Brüderle Anfang 2013 in seiner Nominierungsrede über die Opposition folgendermaßen: »Wir überlassen diesen Fuzzis, diesen fehlprogrammierten Typen nicht unser Land!«. Nicht viel besser der Kommentar des grünen Spitzenkandidaten Jürgen Trittin, der Brüderle in einer Bundestagsdebatte »pfälzische genuschelte Büttenreden« vorwirft. Der CSU-Vorsitzende Seehofer äußert sich über den SPD-Kanzlerkandidaten Steinbrück dahingehend, er habe in der großen Koalition diesen eher als »pflegeleicht und konfliktscheu« wahrgenommen. Und mit Blick auf die umstrittenen Honorare für Steinbrück-Reden sagt Seehofer: »Sein Lebensmotto ist offensichtlich: Jedem das Seine und mir das meiste.« Und der SPD-Vorsitzende Sigmar Gabriel wirft der Kanzlerin im Sommer 2011 vor: »Frau Merkel lebt inzwischen in einer eigenen Welt. In einer Situation, in der die Distanz der Deutschen zur Politik größer ist als jemals zuvor, verabschiedet sich eine sprach- und ratlose Kanzlerin in die Sommerpause.« Diesen abfälligen Stil nehmen die Bürger durchaus wahr. Im Rahmen der geführten Bürgerinterviews äußert sich ein 40jähriger Handwerker wie folgt dazu:

»Wenn Fehler oder Versäumnisse bei anderen Parteien passieren, dann sind die allermeisten Politiker sehr angriffslustig. Als Bürger bekomme ich da schon beinahe das Gefühl, dass es den Parteien nicht darum geht, für das Wohl der Bürger zu sorgen, sondern durch fiese Attacken auf die Gegnerparteien Einfluss und Macht zu steigern.«

Und weitergedacht: Wie sollen Bürger Respekt vor Politikern haben, wenn diese selbst respektlos miteinander umgehen? Die Forderung an Politiker ist damit eine (zumindest theoretisch) einfache: Sie sollten eine Vorbildfunktion einnehmen und bewusst nach mehr Redlichkeit im Umgang miteinander streben. Schwierig ist dies natürlich aufgrund der Erwartungen der Medien nach zugespitzten und auch personalisierten Aussagen (siehe unten) und auch aufgrund der Wünsche der Bürger, nach einer unterhaltsamen politischen Auseinandersetzung. Dennoch: Wenn Politiker nicht gerade in der Öffentlichkeit niveauvoll streiten und dem politisch Andersdenkenden, seinen Positionen und seinen Interessen Respekt zollen, beeinflussen sie den öffentlichen Dialog über Politik negativ. Die Bürger haben dann kaum eine Chance, sich ein umfassendes Bild über Politik zu machen. Das politische Geschehen in der Öffentlichkeit wird hierdurch zur Farce. Es wird zu einer Show auf dem öffentlichen Parkett, welche jedoch mit der Realität wenig zu tun hat. Mehr Niveau in politischen Alltagsgesprächen hängt also auch von dem öffentlich sichtbaren Niveau der Auseinandersetzung zwischen Politikern ab. Bundesinnenminister Wolfgang Schäuble ist deshalb beizupflichten: »Wir müssen versuchen, dass Politik intellektuell spannend bleibt, weil Politik sonst überhaupt nichts faszinierendes mehr hat. Und wenn sie nicht mehr faszinierend ist, hat sie auch keine Integrationskraft mehr.«[77] Das entspricht durchaus dem Auftrag des Grundgesetzes, in dem es in Artikel 21 heißt; »Die Parteien wirken an der politischen Willensbildung des Volkes mit.« Allerdings irritiert in diesem Zusammenhang ein Ergebnis der Parlamentarier-Studie der Change-Centre-Foundation. Die Untersuchung fragte, wer für gesellschaftliche Änderung zuständig sei. 46 % der deutschen Parlamentarier sehen hier primär die Bürger in der Verantwortung. Die Politikwissenschaftler Prof. Ulrich von Alemann und Prof. Joachim Klewes fassen zusammen: »Deutsche Parlamentarier verorten die Zuständigkeit für gesellschaftliche Veränderung und Innovation klar bei den Bürgern und nicht bei Politik und Wirtschaft.«[78] Es scheint, als ob Politiker die Verantwortung komplett an die Bürger abschieben, was durchaus auch ein Hinweis auf eine »Innere Kündigung« sein kann. Insbesondere, da bei Politikern der Regierungsparteien diese Position sogar noch ausgeprägter ist als bei Oppositionspolitikern. Was bedeutet das? Politiker sehen sich weniger als Antreiber gesellschaftlicher Reformen sondern vielmehr als Vollzugsorgan. Hier zeigt sich Frustration und ein Schwinden idealistischer Motive, in der Politik tätig zu sein. Außerdem sprechen die Politiker dem Souverän damit eine Verantwortung zu, die zwar durchaus im Sinne der Demokratie ist, die aber auch aufgeklärte und gut informierte Bürger voraussetzt. Prof. Ulrich von Alemann und Prof. Joachim Klewes dazu: »Genau hier regt sich das schlechte Gewissen der Parlamentarier. Kaum jeder Fünfte meint, in Sachen Bürgerinformation werde genug getan.«[79] Doch wie können Politiker bei dieser Problematik selbst aktiv werden, wie können Bürger informiert werden, wie kann Politik als intellektuell spannend vermittelt werden und wie kann in einem gemeinsamen Dialog zwischen Bürgern und Politik der Bedarf für gesellschaftliche Veränderung und Innovation ermittelt werden?

Die Diskussion über diese Fragen wird insbesondere seit dem eskalierten Streit um Stuttgart 21 geführt, wo es um die Schaffung eines unterirdischen Durchgangsbahnhofes in Stuttgart ging. Massive Proteste gegen den Bau des Bahnhofes auch bürgerlicher Milieus haben deutlich gemacht, dass eine rein verfahrensrechtlich korrekte Abwicklung nicht zwingend ausreicht, die Akzeptanz der Bürgerschaft bei Großprojekten sicherzustellen. »Wutbürger« als Wort des Jahres 2010 und auch ein empirisches Ergebnis einer Emnid-Umfrage aus dem Jahr 2011, dass 82 % der wahlberechtigten Bevölkerung mehr Einfluss auf politische Entscheidungen nehmen möchten, haben dazu geführt, dass das Thema Bürgerbeteiligung seither ganz oben auf der Agenda steht. Der Politikwissenschaftler Prof. Roland Roth fordert in seiner »Streitschrift für mehr Partizipation« den »Auszug aus der Wagenburg des etablierten Politikbetriebs« und die Förderung von Beteiligung und Engagement der Bürger »als zentrale politische Aufgabe« zu betrachten.[80] In der Diskussion sind Planungszellen[81] und neue Formen des moderierten Dialogs zwischen Bürgern und Politik in Bürgerforen oder Bürgerpanels,[82] netzgestützte Kommunikationsverfahren (z. B. »Liquid Democracy«)[83] oder eine »Partizipative Technologiebewertung«[84].

Auch Roth gesteht jedoch zu: »Moderne bevölkerungsreiche Gesellschaften können auch in Zukunft nicht auf repräsentative Formen des Regierens und Entscheidens verzichten.«[85] Und damit stehen Politiker vor der Frage, ob sie *zusätzlich* zu den repräsentativen Formen *mehr* Bürgerbeteiligung ermöglichen sollen oder ob dies nicht kontraproduktiv wäre. Und hier ist eines klar: Die Bereitschaft, Verantwortung ernsthaft abzugeben, hängt bei verantwortungsbewussten Politikern auch davon ab, ob sie glauben, dass mehr Bürgerbeteiligung tatsächlich zu einer Stärkung der Kohäsionskräfte in der Gesellschaft führt und nicht zu einem Durchregieren schlagkräftiger Interessensgruppen. Und dieser Glaube an das Existieren einer »Verantwortungsethik« bei den Bürgern wird durch einen oberflächlichen öffentlichen Diskurs über Politik gerade nicht gestützt. Insofern kann man Politiker durchaus verstehen, die »mehr Demokratie« als Wagnis mit unbekannten Risiken und Nebenwirkungen betrachten. Dies hängt sicherlich auch damit zusammen, dass Politiker die Medien oftmals nicht als Verbündete für eine niveauvolle sachliche Auseinandersetzung erleben.

3.2 Medien: Politikverachtung als Verkaufsstrategie oder politische Bildung für Journalisten

Eine bayerische Regionalzeitung kommentierte im Sommer 2012 die Abstimmung im Bundestag zur Neufassung des Meldegesetzes unter der Überschrift »Groteske im Bundestag« wie folgt:

»Jeder blamiert sich, so gut er kann. Unseren Volksvertretern in Berlin ist das bei der Neufassung des Meldegesetzes trefflich gelungen. Wer sich das kuriose 57-Sekunden-Video über die Abstimmung im Bundestag anschaut, der kann nur den Kopf schütteln. Von 620 Abgeordneten saßen gerade mal zwei Dutzend im Plenum. Die anderen schauten Fußball oder hatten wichtigere Termine. ... dieser fast gleichgültige Umgang der Volksvertreter mit Bürgerrechten ... macht betroffen. Dem Ansehen von Politik und Demokratie hat diese Groteske in jedem Fall geschadet.«[86]

Ärgerlich und peinlich an einer derartigen Kommentierung ist in diesem Fall nicht einmal die Unkenntnis über gängige und unvermeidbare Praxen in einem Arbeitsparlament. So gesteht dieselbe Zeitung im Innenteil zu: »... dass ein spärlich besetztes Parlament Gesetze ohne Debatten verabschiedet, weil die Experten aller Fraktionen ihre Beiträge zu Protokoll geben, ist weder neu noch ungewöhnlich.«[87] Ärgerlich und peinlich ist, dass die Chance auf eine populistische politikerverachtende Berichterstattung wichtiger zu sein scheint, als eine ernsthafte Auseinandersetzung. So fehlt beispielsweise die Information darüber, dass Politiker, um professionell handeln zu können, Spezialgebiete haben, und sich daher in anderen Themen auf ihre Kollegen verlassen müssen. Auch fehlt der Hinweis, dass der Stellenwert des Plenums in der Organisationslogik des Bundestages in der Regel eben gerade nicht der Ort der inhaltlichen Arbeit ist. Insofern passt zumindest das einleitende Statement in dem Artikel, wenn auch als unfreiwillige Selbstkritik: »Jeder blamiert sich, so gut er kann.«

Das Beispiel zeigt, dass Teile der Medien Sensationen haben wollen, sei es auch auf Kosten einer zunehmenden Distanz zwischen Bürgern und Politikern. Einzelne werden an den Pranger gestellt, Vorurteile werden bei der Bevölkerung geschürt, wobei viele Bürger dann sogar glauben, dass verächtliche Einstellungen gegenüber Politikern auf seriösem Wissen beruhen, da die entsprechenden Informationen in den Medien verbreitet worden sind. Natürlich bedienen die Medien hier auch eine (möglicherweise zum Teil fälschlich unterstellte) Erwartungshaltung der Bürger, wenn sie Politik personalisieren und skandalisieren oder verächtlich über Politik und Politiker schreiben.[88] Wolfgang Molitor, stellvertretender Chefredakteur der Stuttgarter Nachrichten thematisiert diese Problematik aus Sicht der Medien selbst: »Die Frage heißt … nicht mehr: Was ist wichtig? Vielmehr wird gefragt: Womit könnten wir auf Interesse stoßen? Was der Sache selten dient, sondern lediglich den Leser bedient.«[89] Und selbstkritisch fügt er an: »Im Überschriften-Deutsch besteht die Suche nach Ergebnissen und Kompromissen aus wenigen Wörtern: ›Streit‹, ›gespalten‹, ›Kritik an …‹, ›tiefe Risse‹. Das sind Wörter der Unfähigkeit, die Probleme erhöhen und das komplizierte Ringen um Lösungen ins Reich der Langeweile verbannen.«[90] Und der Journalist Giovanni di Lorenzo weist darauf hin, dass Medien »durch eine permanente Skandalisierung des politischen Lebens« Gefahr laufen ihr »Relevanzversprechen« zu brechen.[91] Um also die Verkaufszahlen zu erhöhen werden Konflikte dramatisiert und auf verzerrte Weise dargestellt. Entscheidend für Journalisten scheint es zu sein, das Interesse der

Medienschelte fördert die Distanz zur Politik!

Bürger zu wecken, die langfristigen Folgen für die Gesellschaft spielen keine Rolle. Auch Politikwissenschaftler betonen diese Problematik, so Prof. Werner J. Patzelt, der darauf hinweist, dass »komplexe Zusammenhänge kaum eine Chance« haben, »beim normalen Mediennutzer ›anzukommen‹«.[92] Und die Leiterin der Akademie für Politische Bildung in Tutzing, Prof. Ursula Münch, kritisiert, dass Politik in den Medien vielfach verächtlich dargestellt wird und spricht einem Teil der Medien explizit einen »Verdummungscharakter« zu.[93]

Problematisch ist aber nicht nur eine Berichterstattung, die dümmer macht, problematisch kann auch ein vermeintlich aufklärerischer Journalismus sein: Politische Journalisten – gerade auch von Qualitätsmedien – versuchen insbesondere Kommunikationsstrategien von Politikern zu entlarven (»Wahlkampfrhetorik«, »innerparteiliche Profilierung«, »Ablenkungsmanöver« etc.). Dagegen ist nicht grundsätzlich etwas einzuwenden. Problematisch ist allerdings, dass im Kontext dieser Beiträge Politikern primär niedere Beweggründe unterstellt werden und die Journalisten sich gemeinsam mit den interessierten Lesern über dieses kleingeistige politische Handeln echauffieren können. Und es ist ärgerlich, wenn der Schwerpunkt der politischen Berichterstattung quasi auf einer kommunikativen Metaebene liegt. Niveau kommt so jedenfalls nur begrenzt in den öffentlichen Diskurs.

Was wäre von den Medien zu fordern? Gar nicht so viel mehr, als ohnehin im Pressekodex des Deutschen Presserats steht, der die publizistischen Grundsätze enthält. In Ziffer 1 steht dort unter der Überschrift »Wahrhaftigkeit und Achtung der Menschenwürde«: »Die Achtung vor der Wahrheit, die Wahrung der Menschenwürde und die wahrhaftige Unterrichtung der Öffentlichkeit sind oberste Gebote der Presse. Jede in der Presse tätige Person wahrt auf dieser Grundlage das Ansehen und die Glaubwürdigkeit der Medien.« Und in den ergänzenden Richtlinien zu diesem Punkt heißt es: »Zur wahrhaftigen Unterrichtung der Öffentlichkeit gehört, dass die Presse in der Wahlkampfberichterstattung auch über Auffassungen berichtet, die sie selbst nicht teilt.« Und hier stellt sich die Frage: Warum eigentlich nur im Rahmen der Wahlkampfberichterstattung? Wäre es nicht sinnvoll, den Kodex im Sinne des Beutelsbacher Konsens der politischen Bildung zu ergänzen?[94] Für die politische Bildung wurde dort als ein zentraler Pfeiler des eigenen Selbstverständnisses das sogenannte Kontroversitätsgebot formuliert: »Was in Wissenschaft und Politik kontrovers ist, muß [sic!] auch im Unterricht kontrovers erscheinen.«[95] Auch die Medien sollten sich in ihrer politischen Berichterstattung (nicht nur im Wahlkampf) daran orientieren, inhaltliche Kontroversen verstehbar zu machen. Sie würden damit einen relevanten Beitrag leisten, Politik als intellektuell spannend darzustellen. Jenseits von Skandalisierung und Personalisierung und statt eines Fokus auf der Entlarvung politischer Kommunikationsstrategien, müsste es gerade auch darum gehen, die inhaltliche Ebene und die Prozessebene stärker in den Blick zu nehmen, was zugegebenermaßen die Ansprüche an politische Journalisten massiv erhöhen würde. Allerdings könnte dies durchaus auch für deren Imagepflege förderlich sein, da sich Journalisten bei der schon erwähnten Berufsprestige-Skala ebenso wie Politiker im unteren Drittel befinden.

Man könnte sich auch eine weitergehende Forderung im Rahmen der Journalistenausbildung vorstellen, z. B. die nach einem Pflichtpraktikum im Parlament, damit Journalisten einen realistischen Einblick in die politische Alltagsarbeit bekommen. Oder man könnte regelmäßig stattfindende moderierte Gesprächsrunden zwischen Journalisten und Politikern zu inhaltlichen Themen abhalten. Und man sollte ähnlich wie bei Lehrern anregen, dass auch Journalisten sich fortbilden, indem sie beispielsweise Abendveranstaltungen oder Seminare der politischen Bildung besuchen. Freilich wäre dies nichts, was von Seiten der Politik verbindlich eingefordert werden könnte, sondern was eher auf der Ebene eine Selbstverpflichtung funktionieren müsste. Und damit dies funktionieren könnte, müsste sich auch die politische Bildung weiterentwickeln, beziehungsweise an dem Image arbeiten, welches politische Bildung in der Öffentlichkeit hat.

3.3 Politische Bildung: Missionierung und Anbiederung oder Konfrontation und Moderation

Politische Bildung genießt in der Öffentlichkeit kein besonders hohes Ansehen. In der Schule fühlen sich viele Fachlehrer aufgrund des in vielen Bundesländern bestehenden sehr geringen Stundenumfangs für Politikunterricht[96] und der geringen zeitlichen Dauer des verpflichtenden Angebots (oft nur 1–2 Jahre) als marginalisierte Gruppe. Und viele Politiklehrer stehen vor dem Problem, dass das Fach in der Wahrnehmung der Schüler keinen hohen Stellenwert hat und oft als »Laberfach« wahrgenommen wird. Darüber hinaus kämpfen in der außerschulischen politischen Bildung sowohl Jugendverbände als auch Einrichtungen der Erwachsenenbildung darum, dass Angebote überhaupt stattfinden können, da der Zuspruch von den Teilnehmern oftmals sehr gering ist. Der ehemalige Direktor der Landeszentrale für politische Bildung Baden-Württemberg Dr. h.c. Schiele konstatiert: »Wenn wir alle Anstrengungen der außerschulischen politischen Bildung in Deutschland zusammennehmen, so kommen wir bei einer groben Schätzung nicht über 5 % der Bevölkerung hinaus, die mit diesen Angeboten in Berührung kommen. Das ist beschämend wenig.«[97] Wie erklärt sich dieser geringe Zuspruch für außerschulische politische Bildung?

Es spricht einiges dafür, dass die Schwierigkeiten der außerschulischen politischen Bildung häufig in einem negativen Bild der politischen Bildung begründet sind, welches aus der Schulzeit stammt und durch einen Politikunterricht geprägt ist, der als langweilig und irrelevant empfunden wurde. Das Problem ist, dass viele den Politikunterricht als sehr institutionenkundlich erlebt haben, als einen Unterricht, in dem zu viel »totes Wissen« vermittelt wird. Mit »totem Wissen« sind Inhalte gemeint, die sich zwar relativ einfach lernen und vor allem auch in einer

Schlechte politische Bildung in Schulen führt zu späterer Politikverdrossenheit

Prüfung reproduzieren lassen, die aber, wenn überhaupt, nur in sehr bescheidenem Umfang zur politischen Urteilsfähigkeit beitragen. So ist es beispielsweise für die politische Urteilsfähigkeit gleichgültig, genau zu wissen, wie viele Abgeordnete im Bundestag oder in einem Landtag sitzen. Aber zur politischen Urteilsfähigkeit gehört ein Bewusstsein darüber, welche Kriterien für eine angemessene Parlamentsgröße Relevanz haben und welche davon in Konkurrenz zueinander stehen. So spricht die Forderung nach Bürgernähe eher für ein großes Parlament (damit der Bürger näher an *seinem* Abgeordneten dran ist), die Forderung nach einem arbeitsfähigen Parlament oder der Wunsch nach vertretbaren Kosten eher für ein kleines Parlament. Auch ist es, so Schiele, »nutzlos, Leute mit Parteiengeschichte und Parteiprogrammen zu konfrontieren, wenn sie den Sinn von Parteien und ihrem Wirken in einer Demokratie überhaupt nicht begriffen haben.«[98] Und genau dies, also die Konfrontation mit »totem Wissen«, geschieht in einem auch unter großem Zeitdruck stehenden Politikunterricht viel zu häufig.

In vielen Studien über schulische politische Bildung wird dem entsprechenden Unterrichtsfach kein gutes Zeugnis ausgestellt. So äußern sich hessische Schüler kritisch darüber, dass der Unterricht unprofessionell, langweilig oder sogar qualvoll sei: »Kein anderer Unterricht lässt sich so gut für Nebensächlichkeiten verwenden wie Gesellschaftskunde! Ausführliche Gespräche, SMS-Sessions oder Vier-Gewinnt-Spiele sind ohne größere Probleme möglich.«[99] Eine Studie der Politikdidaktikerin Prof. Anja Besand kommt zu dem Fazit: »Zusammenfassend ergibt sich ... ein Bild vom Gemeinschaftskundelehrer ... als ... meist lässiger und linksorientierter Lehrer, der sich im Unterricht eher informell und zuweilen selbst unmotiviert inszeniert. Seinen Unterrichtsstil empfinden die Schülerinnen und Schüler als monoton oder chaotisch.«[100] Auch in einer bayerischen Untersuchung[101] äußern sich Schüler sehr kritisch über den Sozialkundeunterricht, so sagt eine Schülerin in einem qualitativen Interview: »Wenn ich an Sozialkunde denke ..., denke ich nur an dieses Trockene. ... das ist eigentlich das Problem, weil man einfach keinen Bezug dazu hat. Da macht man sich auch keine Gedanken irgendwie darüber, dann ist es wirklich nur Auswendiglernen.« Ähnlich eine andere Schülerin:

»Das war einfach zu trocken. Das war ein Buch, das haben wir dann gelesen, da waren diese Bilder, das war zu trocken. Man ging da gar nicht konkret auf den deutschen Staat ein, das habe ich gar nicht verbunden mit unserem deutschen Staat, da gab es zwar ein Buch, aber das war nicht unser Staat, irgendwie.«

In der Studie an bayerischen Gymnasien wird deutlich, dass ⅓ der Schüler Schwierigkeiten hat, einen Bezug zu den Inhalten des Sozialkundeunterrichts herzustellen und dass der Politikunterricht es nicht schafft, das Interesse an Politik zu erhöhen.[102] Auch bei den Bürgerinterviews wird diese Problematik angesprochen, so äußert ein 40jähriger Handwerker: »Man sollte viel mehr die Jugend ansprechen, ich sehe das bei meinen Kindern, für sie ist in ihren jungen Jahren Politik schon etwas ›Fremdes‹, ›Langweiliges‹, der Unterricht ist dann wohl schon falsch gestaltet, dass der Bürger schon früh abgeschreckt wird, sich überhaupt mit Politik zu befassen. Das wäre ein sehr wichtiger Ansatzpunkt.«

Die Kritik am Politikunterricht ist vielen Lehrern durchaus bewusst. Die Reaktionen darauf sind jedoch häufig kontraproduktiv und tragen mit dazu bei, dass der öffentliche Diskurs über Politik oftmals niveaulos ist. So wird in der Fachdidaktik eine Flucht vieler Lehrkräfte hin zu einem unpolitischen Politikunterricht festgestellt, und, ohne Ironie, auf das Selbstverständliche hingewiesen, dass der Kern der politischen Bildung die Politik sei.[103] Problematisiert wird in der Fachdidaktik auch, dass viele Lehrer versuchen, Interesse zu wecken, in dem sie sich auf die unmittelbaren Erfahrungen der Schüler konzentrieren. Hier bestünde die Gefahr, Politik zu simplifizieren. Prof. Gotthard Breit, emeritierter Professor für Didaktik der Politik an der Universität Magdeburg dazu: »Die politischen Probleme und Prozesse auf Bundes-

und Landesebene, in der EU oder im Bereich der internationalen Beziehungen sind komplexer als die in der Alltags- und Lebenswelt gemachten Erfahrungen der Schülerinnen und Schüler.«[104] Ähnlich der Gießener Fachdidaktiker Prof. Wolfang Sander, der von einer »Parallelisierungsfalle« spricht, »bei der um der scheinbaren Anschaulichkeit oder der Erfahrungsnähe willen problematische Analogieschlüsse zwischen privaten Lebenssituationen oder Interaktionserfahrungen im sozialen Nahraum und Strukturen und Prozessen im politischen System gezogen werden.« Beispielsweise arbeitet ein Parlament nach einer anderen Handlungslogik als ein Klassenrat. Problematisch kann auch ein Unterricht sein, der ausschließlich darauf setzt, Demokratie zu erfahren, da Schüler sehr sensibel auf die Diskrepanz reagieren zwischen dem, was sie selbst erleben und dem, was sie im Parlament beobachten. Prof. Breit dazu: »Schülerinnen und Schüler sind [es] gewohnt, sich in der Klasse mit anderen partnerschaftlich, tolerant und um Ausgleich bemüht auseinanderzusetzen. Im Vergleich dazu muss ihnen das Verhalten der Abgeordneten ›ruppig‹ erscheinen und sie zeigen sich empört darüber.«[105] Ein Politikunterricht, der nicht in der Lage ist, deutlich zu machen, dass öffentlicher Streit im Plenum oder in der Talkshow nur *ein* Bereich der politischen Kommunikation ist, und dass der nichtöffentliche Diskurs im Parlament durchaus sachlicher und anspruchsvoller abläuft, trägt damit ungewollt zu einem falschen Bild von Politik bei. Oder an einem anderen Beispiel: Wenn Schüler in Klassenforen eine konsensorientierte Art der Konfliktbewältigung kennenlernen, besteht die Gefahr, dass sie dies als Ideal auf die Gesamtpolitik übertragen und nicht verstehen, warum die politische Opposition Vorschläge der Regierung in der Regel scharf kritisiert.

Teilweise resultieren Probleme auch aus den Schulbüchern, worauf Schiele hinweist: »In der Regel herrscht schon in den Lehrbüchern eine sympathisch idealisierte Form von Demokratie vor. Dieses Ideal hält dann der Wirklichkeit nicht stand und kann zu Verdruss führen.«[106] Hinzu kommt, dass für viele ambitionierte Lehrer Kritikfähigkeit ein zentrales Lernziel darstellt. Und dass diese Lehrer versuchen, das kritische Denken ihrer Schüler dadurch zu schulen, indem sie auf Fehler und Unstimmigkeiten, auf Diskrepanzen zwischen Ideal und Wirklichkeit hinweisen. Nur ist die Problematik, dass zum Teil die Grundprämissen im Politikunterricht schlichtweg falsch sind. So z. B. die schon ausgeführte Diskrepanz zwischen der im Unterricht oft vermittelten Vorstellung, es müsse eine klare Gewaltenteilung zwischen Exekutive und Legislative geben und der erfolgreich praktizierten politischen Realität, wo die Regierung und die sie stützende parlamentarische Mehrheit durch die parlamentarische Opposition kontrolliert werden.

Eine andere Problematik soll hier noch erwähnt werden. In der oben erwähnten Studie von Prof. Besand wird von den Schülern »die Angst vor rhetorischer wie politischer Überwältigung deutlich angesprochen wie auch der Versuch, sich gegen Missionierungsversuche zu wappnen.« Ausgerechnet der Politiklehrer »scheint von allen Lehrern der *ideologischste* zu sein. Er ist ein Bannerträger mit einem ›ausgeprägten Drang zu überzeugen‹«.[107] Der Marburger Fachdidaktiker Prof. Henkenborg kommt in einer Befragung von Politiklehrern zu einem ähnlichen Ergebnis: »Die Neigung zur Mission, zur Predigt und zur ›Holzhammermethode‹ räumen viele hessische Lehrerinnen und Lehrer ... ein. Die empirische Unterrichtsforschung zur politischen Bildung liefert immer wieder Belege dafür, dass Grundmuster des Typs Mission – Belehrung, Moralisierung oder Überwältigung – im alltäglichen Unterricht nach wie vor vorhanden sind.«[108]

Verdichtet man die Ergebnisse, kann man pointiert festhalten, dass sich viele Politiklehrer anbiedern über eine unmotivierte Inszenierung, einen politikvermeidenden Politikunterricht, durch nette Plaudereien oder durch das gemeinsame Entlarven von »Fehlern« in der politischen Realität. Und es gibt bei manchen Politiklehrern eine Tendenz hin zur Mission, was nicht nur den Schülern missfällt sondern auch kontraproduktiv für die Entwicklung der politischen Urteilsfähigkeit ist. Dabei ist die Aufgabe für Politiklehrer eine zwar durchaus anspruchsvolle aber intellektuell auch sehr interessante, und es ist eine Aufgabe, der ohne missionarischen Eifer besser gedient ist: Um politische Urteilsfähigkeit zu fördern, sollte der Lehrer bei bestehenden Kontroversen in der Klasse moderieren und bei Konsens in der Gruppe mit alternativen Positionen dagegen halten und hier durchaus auch provozieren. Ein guter Lehrer muss also nicht *seine* Meinung sondern die *andere* Meinung repräsentieren. Die Förderung von politischer Urteilsfähigkeit liegt gerade darin, dass es einen Komplexitätszuwachs gibt, in dem man mehr über inhaltliche Aspekte eines Themas oder auch über die Interessen und Argumente derjenigen erfährt, die eine andere Position einnehmen.

Das Problem hierbei ist: Viele Lehrer wissen und können es nicht besser. Oder sie sind nur mäßig motiviert, dieses anspruchsvolle Unterfangen Stunde für Stunde zu realisieren, was nicht zuletzt an der geringen Stundenzahl liegt, die sie mit den Schülern arbeiten können. Ein engagierter Politikunterricht ist in jedem Fall in Vorbereitung und Durchführung wesentlich anspruchsvoller als wahrscheinlich bei jedem anderen Fach. Einfach deshalb, da Politiklehrer, die um aktuelle Beispiele bemüht sind, immer wieder aufs Neue sich in politische Debatten einarbeiten und diese didaktisch aufbereiten müssen. Zwar sind Lehrer überdurchschnittlich stark gesellschaftlich aktiv, so ist ihr Anteil an Mitgliedschaften in gesellschaftlichen Vereinigungen sehr hoch[109], doch ist ein engagierter Politikunterricht auf Dauer sehr herausfordernd, wenn weder von Schülern noch Kollegen (von der Öffentlichkeit ganz zu schweigen) Wertschätzung für diese wichtige Arbeit vermittelt wird. Auch auf die Ausbildung von Lehrern allgemein und von Politiklehrern im Besonderen ist ein kritischer Blick zu werfen, da, was Einstellungen über Politik anbelangt, selbst angehende Politiklehrer voller Klischees und widersprüchlicher Erwartungen sind.[110] So entbehrte es im Jahr 2010 nicht einer gewissen Ironie, dass Studierende in einem Seminar an der Universität Gießen zu Beginn des Semesters den damaligen Ministerpräsident Roland Koch als Paradebeispiel eines Politikers nannten, dem Politik und Macht über alles gehe, um wenige Wochen später seinen Rückzug aus der Politik als typisches Beispiel für die Feigheit von Politikern zu werten. Und in einer noch unveröffentlichten empirischen Studie an der Universität Augsburg und der Justus-Liebig Universität Gießen zeigt sich, dass die übergroße Mehrheit der Lehramtsstudierenden Parteien und Politikern nicht vertraut und mehrheitlich der inhaltlich problematischen wenn nicht falschen Aussage zustimmt, dass es Aufgabe der politischen Opposition sei, die Regierung zu unterstützen und nicht etwa Kritik an dieser zu üben.

Was ist zu tun? Wir brauchen mehr öffentliche Wertschätzung für Politiklehrer, die der verantwortungsvollen Tätigkeit und dem hohen Vorbereitungsaufwand Rechnung tragen. Und dazu können Politiklehrer selbst beitragen, indem sie gemeinsam mit Akteuren der außerschulischen politischen Bildung öffentliche Veranstaltungen durchführen, die eben nicht den üblichen Klischees politischer Bildung entsprechen. Oder indem sie sich selbst aus ihrer Lethargie befreien, dadurch, dass sie sich in Netzwerken zusammenschließen, um von den Erfahrungen anderer zu profitieren und um gelungene Beispiele politischer Bildung kennenzulernen.[111] Wir brauchen motivierte und kompetente Multiplikatoren, die andere für die politische Diskussion, was auch Streit beinhaltet, begeistern. Denn hier ist Susanne Gaschke uneingeschränkt zuzustimmen:

»Die Erfahrung, dass Streit großartig und aufregend sein kann und eben nicht von vornherein etwas Hässliches, Unerfreuliches ist, scheint mir zentral für die Entwicklung eines politischen Gespürs, einer politischen Lebenseinstellung. Wer diese Erfahrung nicht möglichst früh und möglichst spielerisch machen kann, wird immer unter dem Politikbetrieb leiden, wird ihn nie richtig verstehen, wird, wie so viele, die verdrossen oder distanziert sind, nur über ›Parteiengezänk‹ und ›politische Streiterei‹ schimpfen. Und wer den Streit nicht versteht, kann auch keinen Sinn für die Schönheit des Kompromisses entwickeln.[112]

Wir brauchen eine politische Bildung, die mehr Partizipation ermöglicht. Dies kann beispielsweise durch Methoden wie Service Learning umgesetzt werden. Diese Methode erlaubt es auch die eigenen Erfahrungen reflektieren zu können. Außerdem kann damit ein Bewusstsein für die eigene Gesellschaft entwickelt werden. Allerdings darf dabei nicht vergessen werden, die Unterschiede zwischen Politik im Nahbereich und staatlicher Politik zu thematisieren, damit es nicht zu falschen Analogieschlüssen kommt. Ähnlich wie bei Journalisten sollte man deshalb auch bei Akteuren der politischen Bildung über Pflichtpraktika im Parlament nachdenken. Darüber hinaus können auch moderierte Gesprächsforen zwischen Multiplikatoren und Politikern sinnvoll sein. Die politische Erwachsenenbildung sollte selbstbewusst die Rolle eines Moderators zwischen Politikern und Bürgern einnehmen. Dies kann beispielsweise bei der Konzeption und Durchführung von Bürgerversammlungen oder anderer Beteiligungsformate realisiert werden.[113] Hier könnte dann auch die hier geteilte Auffassung des Professors für Politische Erwachsenenbildung Helmut Bremer ansetzen: »Politische Bildung und politisches Lernen beginnt … mit der Reflexion der Erfahrungen, die Menschen machen, wenn sie Einfluss nehmen wollen auf die Regelung der allgemeinen Angelegenheiten.«[114]

Inhaltlich sollte die politische Bildung Angebote machen, die Wertschätzung für die Demokratie zum Ausdruck bringen und gerade heterogen zusammengesetzten Gruppen den Austausch über Politik ermöglicht, wie es beispielsweise bei der »Nacht der Demokratie« im Oktober 2012 in Augsburg geschehen ist.[115] Es geht um Methoden, die das Kennenlernen der Dilemmata und Rollenkonflikte von Politikern ermöglichen, so z. B. Planspiele oder die PC-Simulation »Genius – Im Zentrum der Macht«, in der man als Bürgermeister eines bayerischen Dorfes Karriere bis hin zum Bundeskanzler machen kann.[116] Und es geht auch um Methoden, die gerade dann konfrontieren, wenn Bürger gleich welchen Alters es sich in ihrem Urteil über Politik und Politiker zu einfach machen. Wie so etwas aussehen kann zeigt ein »Argumentationstraining gegen Stammtischparolen zum Thema Politik(er)verdrossenheit«, welches in drei Schritten vorgeht: (1) Stammtischparolen identifizieren, (2) Stammtischparolen problematisieren und (3) Gegen Stammtischparolen argumentieren.[117]

Letztlich muss politische Bildung durch Konfrontation und Moderation zwischen Bürgern und Politik zu einer vertiefenden Auseinandersetzung mit Politik und Politikern beitragen. Die Überzeugung die dahintersteht ist, dass Wertschätzung gegenüber Politikern dadurch entsteht, dass man sich auf die Rollenproblematik von Politikern einlässt und versucht, typische Dilemmata nachzuvollziehen. Hier liegt im Umkehrschluss auch der entscheidende Grund dafür, warum eine nur oberflächliche Auseinandersetzung mit Politik dazu führt, Politik und Politiker zu verachten, was wiederum die Motivation reduziert, sich intensiver mit Politik und Politikern auseinanderzusetzen. Auch hier wieder ein klassischer Teufelskreis. Diesen zu durchbrechen, hat vor allem etwas mit dem Mut der Bürger zu tun.

3.4 Bürger: Öffentliches als Belastung oder Mut, sich seines Verstandes auch bei politischen Themen zu bedienen

Im erwähnten Generationenportrait der um die 30jährigen (»Wir haben keine Angst«) überschreibt die Journalistin und Autorin Nina Pauer ihr Kapitel zum Thema Politik mit: »Die Angst vor dem Statement«. Darin heißt es: »So ganz doof und verdrossen können wir also gar nicht sein. Und gänzlich unpolitisch sind wir auch nicht. Wir sind einfach nur still.«[118] Und dieses Stillsein hat seine Gründe, denn wenn jemand sagt, wofür er steht, fällt er auf. Pauer:

»Die Wahrscheinlichkeit, dass er dadurch unangenehm auffällt, liegt ... bei ungefähr einhundert Prozent. Einen so wahrscheinlichen Imageverlust mag der Großteil von uns aber verständlicherweise einfach nicht riskieren. Und hat es sich deshalb lieber im sicheren Land des ex negativo gemütlich gemacht. ... Alles was man tun muss, um immer schön auf der sicheren Seite zu bleiben, ist konsequent Nein zu sagen. Und darauf zu vertrauen, dass einen schon nie jemand nach dem Ja fragen wird.«[119]

Entspannen kann man sich mit einer »Dauerkarte für die sichere Tribüne der neutralen Zuschauer.«[120] Und sich gemeinsam über Politiker lustig zu machen, ist eine gute Strategie, sich vor einem Statement zu drücken:

»Wir werden uns weiterhin jedes Mal an Silvester liebevoll, so als würden wir ein zurückgebliebenes Familienmitglied oder ein Haustier in den Arm nehmen, zum Fernseher wenden und ›Och, Schätzelein, jetzt lach doch auch mal‹ rufen, während die Angie ihre Neujahrsansprache hält. Und zwischendurch immer mal wieder gerne den betrunkenen Schröder in der Elefantenrunde damals anschauen. Anstatt die Unterschiede in den Programmen ihrer Parteien herauszuarbeiten, werden wir uns einfach immer weiter über unsere Politiker lustig machen. Ganz so wie wir es früher in der Schule mit irgendwelchen linkischen Lehrern gemacht haben, statt ihnen zuzuhören.«[121]

Wohlgemerkt: Nicht die Meinungslosigkeit ist peinlich sondern die Positionierung. Und hier muss man in der Tat Schiele Recht geben, der die Ansicht vertritt, dass die Abwendung von Politik und die Verächtlichmachung von Politik »nicht zum guten Ton gehören« dürfen.[122] Und Susanne Gaschke ist beizupflichten: »Alle anständigen Leute müssen sich dazu aufraffen, unsere Demokratie aktiv zu mögen und zu verteidigen: ihre Parteien (mit allen Unzulänglichkeiten), ihr Personal (das so ist wie jedermann), ihren Streit, ihre Kompromisse. *Diesen* Staat, nicht irgendein unerreichbares Traumbild.«[123] Es geht darum öffentlich eine Lanze für die Politiker zu brechen, wie es der bayerische evangelische Landesbischof Heinrich Bedfort-Strohm tut: »Es ist Zeit, dem Beruf des Politikers endlich die Würdigung zu geben, die er verdient. Wer pauschal die Politiker abqualifiziert, hat keine Ahnung wovon er redet. ... Ich empfinde große Wertschätzung für Politiker.«[124] Und es geht vor allem darum, sich des eigenen Verstandes auch bei politischen Alltagsgesprächen zu bedienen, so wie es Immanuel Kant fordert:

»AUFKLÄRUNG ist der Ausgang des Menschen aus seiner selbstverschuldeten Unmündigkeit. Unmündigkeit ist das Unvermögen, sich seines Verstandes ohne Leitung eines anderen zu bedienen. Selbstverschuldet ist diese Unmündigkeit, wenn die Ursache derselben nicht am Mangel des Verstandes, sondern der Entschließung und des Mutes liegt, sich seiner ohne Leitung eines andern zu bedienen. Sapere aude! Habe Mut, dich deines eigenen Verstandes zu bedienen! ist also der Wahlspruch der Aufklärung.«[125]

Und wenn es tatsächlich so ist, dass es heute Mut braucht, öffentlich Position zu beziehen und sich damit seines Verstandes bei politischen Alltagsgesprächen zu bedienen, ist gerade dieser Mut außerordentlich wichtig. Fast ist man schon versucht, analog zur Ausgabe des Wochenmagazins Stern vom 06. Juni 1971, wo sich 374 prominente und nicht prominente Frauen dazu bekannten, abgetrieben zu haben, eine öffentliche Erklärung zu fordern: »Wir sind Parteimitglied«. Wir brauchen, um mit Schiele zu sprechen, einen »stabilisierenden Kern in der Gesellschaft«, dem demokratische Verhältnisse wichtig sind.[126] Es geht darum, politische Freiheit als Faktor zu beleben, der die Gesellschaft zusammenhält und der dem Einzelnen durchaus ein »Mehr« an Lebensqualität ermöglichen kann. Voraussetzung hierfür wäre jedoch ein Bewusstsein über diesen Gewinn bei den Bürgern. Susanne Gaschke betont hier zwei wichtige Aspekte: »Politisch zu sein bedeutet, in einem Modus der *Aneignung* zu leben. Politisch zu sein bedeutet, dass man die Welt für veränderbar hält – und sich selbst nicht für eine Spielfigur undurchschaubarer Mächte.« Und es geht darum, durch eigenes Engagement auch zu erfahren, wie man sich mehr mit seinem Umfeld, seinen persön-

Öffentliche Meinungsäußerung braucht Mut!

lichen Ausschnitten von Gesellschaft identifiziert: »Wenn ich ins Studentenparlament gewählt werde, dann ist die Universität viel mehr *meine* Universität als zuvor.«[127]

Der Mut, sich seines Verstandes zu bedienen, ist dabei etwas höchst Individuelles und nur von jedem persönlich zu leisten. Insofern, bei aller Wertschätzung für Schiele, hier irrt er, wenn er schreibt:

»Drei Instanzen sind bei der Lösung der Problematik vor allem gefragt: die Politik selbst, die Welt der Medien und das weite Feld politischer Bildung. Wenn sie konstruktiv zusammenwirken, könnte die durch die verbreitete politische Ahnungslosigkeit gegebene Gefährdung der Demokratie abgebaut werden.«[128]

Denn, alle drei Instanzen stehen nicht nur miteinander in Wechselwirkung, sondern von zentraler Bedeutung sind gerade die Wechselwirkungen zwischen Politik, Medien, politischer Bildung und den Bürgern. Auch wenn es noch so abgedroschen klingen mag, gilt das, was für eine Demokratie selbstverständlich ist: Auf den Bürger kommt es an.

Wie äußert sich aber der Mut, sich seines eigenen Verstandes auch bei politischen Themen zu bedienen? Wie kann ein Gegenprogramm zu politischen Stammtischparolen aussehen? 10 Punkte scheinen uns zentral:

1. *Sich zu den eigenen Interessen zu bekennen und die Interessen der Anderen ernst zu nehmen.* Mit den Worten des Fachdidaktikers Prof. Sutor: »Wir müssen uns unserer Interessen wegen nicht schämen. Wir müssen nur bereit sein, sie mit Rücksicht auf die Interessen anderer und aus einem eigenen Interesse an gut geordnetem Miteinander wahrzunehmen.«[129] Dazu gehört es auch, den Andersdenkenden (oftmals einfach auch nur Anderswollenden) nicht als Feind zu betrachten und Interessenskonflikte nicht zu Konflikten um die Wahrheit aufzubauschen.[130]

2. *Sich für die Gründe zu interessieren, warum politische Entscheidungen so und nicht anders getroffen wurden.* Kritik zu üben ist leicht – insbesondere wenn man mit dem Wissen von heute die Entscheidungen von gestern kritisiert. Oder wenn man vergisst, dass unterschiedliche Menschen verschiedene Interessen haben.
3. *Neugierig zu sein auf andere Sichtweisen.* So schön es ist, wenn wir uns mit unserem Umfeld in inhaltlichen Fragen einig wissen, so anregend kann gerade auch das Kennenlernen einer anderen Perspektive sein. Die Feststellung eines inhaltlichen Dissenses könnte also durchaus als Chance gewertet werden, etwas Interessantes über den Anderen und die Welt zu erfahren.
4. *Vor wohlfeiler Kritik zunächst einmal zu hinterfragen, ob es denn überhaupt anders gehen könnte.* Beispielsweise wird häufig der Vorwurf gegen Politiker formuliert, »da werde ›wieder einmal in Hinterzimmern gemauschelt.‹« Der Fachdidaktiker Sutor dazu: »Es hat sich ... meines Wissens noch nie jemand die Mühe gemacht, den Unterschied zwischen informellen Gesprächen und Mauschelei zu erklären.«[131] Und dass hundertprozentige Transparenz bei politischen Prozessen auf Dauer unmöglich ist, mussten schließlich auch die Piraten erfahren.
5. *Streit als etwas Unvermeidbares zu akzeptieren und die Ablehnung von Streit sowie die Abwertung von Streitenden zu hinterfragen.*[132] Eine Welt ohne Streit ist nicht nur unrealistisch, sondern sie wäre auch schlichtweg langweilig. Sie wäre genauso langweilig wie die Menschen, die immer alles akzeptieren und niemals den anderen mit ihren Anliegen konfrontieren.
6. Sich *der Unerfüllbarkeit widersprüchlicher Erwartungen bewusst zu sein.* In der Politik haben wir es oftmals mit Wertekonflikten und mit Dilemmata zu tun. Auch bezogen auf die Erwartungen an Politiker wünschen sich viele Unvereinbares. Dies zeigt sich z. B. darin, dass zwar Prinzipienreiter nicht gemocht werden – aber eben auch keine Opportunisten.[133] Hilfreich kann hier ein Denken in sogenannten Werte- und

Entwicklungsquadraten sein, wie es der Hamburger Kommunikationswissenschaftler Prof. Friedemann Schulz von Thun beschreibt: »Die Prämisse des Werte- und Entwicklungsquadrats lautet: Jeder Wert (jede Tugend, jedes Leitprinzip, jede menschliche Qualität) kann nur dann seine volle konstruktive Wirkung entfalten, wenn er sich in ausgehaltener Spannung zu einem positiven Gegenwert, einer ›Schwesterntugend‹ befindet. Ohne diese Balance verkommt ein Wert zu seiner entwerteten Übertreibung.«[134] Beispielsweise ist Sparsamkeit nur so lange eine Tugend, wie sie kombiniert ist mit der Schwesterntugend Großzügigkeit. Sparsamkeit alleine würde zum Geiz entarten, Großzügigkeit zur Verschwendungssucht.

7. *Mehr Fehlertoleranz zu entwickeln und die Thematisierung von Fehlern wertzuschätzen.* Wenn Fehler bekannt werden, sagt dies nicht nur etwas über denjenigen aus, der den Fehler gemacht hat, sondern auch darüber, wie sich die Beziehung zu diesem gestaltet. Und wenn Fehler thematisiert werden können, zeigt dies zumindest, dass Kritik nicht als Gotteslästerung oder Majestätsbeleidigung empfunden wird. Schiele dazu: »Während es in Diktaturen offenbar keine Fehler geben darf und sie deshalb unter den Teppich gekehrt werden, arbeitet das demokratische System so, dass Fehlverhalten und Schwächen geradezu aufgespürt werden.«[135] Allerdings sagt auch die Art und Weise, *wie* Kritik geübt wird, etwas über das Verhältnis zum Kritisierten aus, und hier ist Verächtlichmachung nicht nur kontraproduktiv sondern schlicht auch Ausdruck von Unmenschlichkeit.

8. *Diätetiker zu belohnen – Zuckerbäcker abzustrafen.*[136] Der Berliner Politikwissenschaftler Prof. Herfried Münkler beschreibt treffend, worum es dabei geht:

»Der athenische Philosoph Platon ... hat zwei Politikertypen gegeneinander konturiert: den Zuckerbäcker und den Diätetiker. Der Zuckerbäcker gibt dem Volk alles, wonach es ruft, vor allem dann, wenn es sich dabei um Süßigkeiten handelt. Sein Widerpart hingegen verordnet dem Volk immer wieder

Diät, was dem freilich überhaupt nicht schmeckt. Die gefälligen Süßigkeiten des Zuckerbäckers aber führen auf Dauer zu Übergewicht, Entzündungen und Krankheiten. Heute würde ein politischer Platoniker vielleicht sagen: Zuckerbäcker sind an den Konstellationen des Augenblicks orientiert, während Diätetiker nachhaltige Politik betreiben. Zuckerbäcker machen Schulden, interessieren sich weder für die Umwelt noch fürs Klima und sorgen sich auch nicht um sozial bedrohliche demografische Entwicklungen. Diätetiker hingegen bedenken nicht bloß künftige Risiken, sondern auch die Folgen ihres Tuns für die Zukunft. Sie gehen der Mehrheit damit jedoch auf die Nerven.«[137]

9. *Die Einladung zum »unendlichen Gespräch über die Aufgabe und das Problem des gesellschaftlichen Zusammenlebens der Menschen« anzunehmen.*[138] Politik als »die Regelung von grundlegenden Fragen und Problemen des gesamtgesellschaftlichen Zusammenlebens«[139] ist untrennbar mit der Entwicklung von Kultur verbunden. Und die Teilnahme am, wie es der Fachdidaktiker Prof. Wolfang Sander formuliert, »virtuellen Club der Nachdenkenden, die sich seit Beginn der Kulturgeschichte« damit beschäftigen,[140] ist vielleicht das, was am besten gegen Engstirnigkeit schützt.

10. *Farbe zu bekennen gegen allzu viel Tumbheit in öffentlichen Gesprächen über Politik.* Stammtischparolen bekommen so viel Raum, wie ihnen gegeben wird. Und da Stammtischparolen problematische Wirkungen haben, geht es darum, bewusst dagegen zu halten. Das muss nicht einmal aggressiv geschehen. Manchmal genügt es schon, Stammtischparolen einfach nur zu problematisieren oder in Frage zu stellen. Zugegeben, dies ist wohl der schwierigste Punkt, da hier der Mut sich seines Verstandes zu bedienen nicht nur Privatvergnügen ist sondern eben gerade erfordert, die Angst vor dem Statement zu überwinden.

Ausblick: »Vita activa«

»No one pretends that democracy is perfect or all-wise. Indeed, it has been said that democracy is the worst form of government except all those other forms that have been tried from time to time.«
Winston Churchill

Kritik am Bürger ist gerade in einer Demokratie heikel. So hat der französische Soziologieprofessor Pierre Bourdieu Recht, wenn er schreibt: »Wenn man einem einfachen Bürger sagt, er sei politisch inkompetent, beschuldigt man ihn, unrechtmäßig Politik zu machen.«[141] Und die Vorstellung, dass Politiker die Bevölkerung kritisieren, erinnert fatal an das bekannte Brecht-Zitat aus dem Gedicht »Die Lösung«:

»Nach dem Aufstand des 17. Juni
Ließ der Sekretär des Schriftstellerverbands
In der Stalinallee Flugblätter verteilen
Auf denen zu lesen war, daß das Volk
Das Vertrauen der Regierung verscherzt habe
Und es nur durch doppelte Arbeit
Zurückerobern könne. Wäre es da

Nicht doch einfacher, die Regierung
Wählte ein anderes?«

Worum es uns geht ist aber etwas Anderes, uns geht es um die Wechselwirkung zwischen Bürgern und Politikern, also darum, wie das Verhalten des wichtigsten Akteurs in einer Demokratie zwangsläufig das Handeln der Politiker und damit die gesamte Gesellschaft beeinflusst. Wir möchten dies an einem Gedankenexperiment verdeutlichen. Hierzu unterscheiden wir zunächst vier Bürgertypen[142], *den desinteressierten Bürger, den interessierten aber denkunwilligen Bürger, den interessierten, mündigen und interventionsfähigen Bürger* sowie *den interessierten und mündigen Aktivbürger*. Und wir illustrieren an jedem dieser Bürgertypen, was es bedeuten würde, wenn dieser Typus der alleinig vorherrschende in einer Gesellschaft wäre.

Der an Politik desinteressierte Bürger ignoriert alles, was mit Politik zu tun hat, es interessiert ihn schlichtweg nicht, was Politiker reden und welche Entscheidungen sie treffen. Sein privates Leben sieht er von der Politik nur wenig tangiert. Nachrichten werden nur am Rande zur Kenntnis genommen, politische Gespräche nicht geführt. Bedingt durch das Desinteresse für öffentliche Angelegenheiten ist die Identifikation des Bürgers mit der Gesellschaft eher gering, was wiederum verhindert, dass ein Interesse für öffentliche Angelegenheiten und demnach auch für Politik überhaupt entstehen könnte. Eine Gesellschaft, in welcher der an Politik desinteressierte Bürger vorherrscht, könnte für Politiker durchaus komfortabel sein, da keine Rücksicht auf öffentliche Befindlichkeiten genommen werden muss. Allerdings wirkt die Vorstellung einer Politik ohne öffentliche Resonanz reichlich kurios. Wahrscheinlich würde der politisch desinteressierte Bürger auch nur so lange pflegeleicht sein, wie seine Annahme, Politik berühre sein Leben nur am Rande, nicht von der Wirklichkeit überholt wird, also bis er merkt, dass er von po-

Die Gesellschaft benötigt neben dem interventionsfähigen Bürger auch den Aktivbürger

litischen Entscheidungen betroffen ist und für sein eigenes Leben Nachteile sieht. Dies kann leicht Wirklichkeit werden, wenn die wirtschaftliche Situation des Landes sich verschlechtert und dadurch die Verteilungsspielräume sinken. Dann gilt die »Aufstiegsautomatik« (Bernd Ulrich), die wir in Deutschland seit dem zweiten Weltkrieg gewohnt sind, nicht länger. Nach Auffassung des Münchner Soziologieprofessors Ulrich Beck wurde die deutsche Gesellschaft lange Zeit durch Konsum und durch wachsenden Wohlstand zusammengehalten. Nun bröckelt dieser Kitt.[143] Wie soll aber eine Gesellschaft funktionieren, in der nicht ein »Mehr« zu verteilen ist sondern in der ein »Weniger« zugemutet werden muss? Dann steht der Zusammenhalt der Gesellschaft auf dem Prüfstand. Was, wenn nicht die Identifikation mit der eigenen Gesellschaft, könnte dann verhindern, dass der Gesellschaft Fragmentierung droht? Diejenigen, die es sich leisten können, würden sich noch weiter in das Private zurückziehen und die anderen würden resignieren oder revoltieren. Insbesondere die Minderheiten der Gesellschaft würden dann von der Mehrheit zu Sündenböcken erklärt.

Zugegeben, in der politischen Theorie ist man sich durchaus uneins über die Frage, wie moralisch die Bürger sein müssen, damit eine Gesellschaft funktionieren kann. So geht die liberale Richtung in der Demokratietheorie *nicht* davon aus, dass sich die Bürger für Politik interessieren oder sich sogar in die Politik einbringen müssen. Der Liberalismus glaubt auch nicht an die Existenz eines gemeinsamen moralischen Grundverständnisses der Bürger und versucht vielmehr mit gesetzlichen Vorgaben die unterschiedlichen Vorstellungen auszugleichen.[144] Deutlich wird dieses Verständnis mit einem Zitat von Immanuel Kant:

»Das Problem der Staatserrichtung ist, so hart wie es auch klingt, selbst für ein Volk von Teufeln (wenn sie nur Verstand haben) auflösbar und lautet so: ›Eine Menge von vernünftigen Wesen, die insgesamt allgemeine Gesetze für ihre Erhaltung verlangen, deren jedes aber insgeheim sich davon auszunehmen geneigt ist, so zu ordnen und ihre Verfassung einzurichten, daß [sic!], obgleich sie in ihren Privatgesinnungen einander entgegenstreben, diese einander doch so aufhalten, daß [sic!] in ihrem öffentlichen Verhalten der Erfolg ebenderselbe ist, als ob sie keine solche bösen Gesinnungen hätten‹.«[145]

Anders die republikanische Tradition der Demokratietheorie, die von der Notwendigkeit gemeinsamer Bürgertugenden ausgeht, auf deren Grundlage der politische Wille in einem öffentlichen Prozess geformt wird.[146] Hier stimmen die Kommunitaristen mit den Republikanern überein. Mit einem Zitat des Kommunitariers Amitai Etzioni lässt sich die Notwendigkeit gemeinsamer Bürgertugenden gut illustrieren: »Eine Gesellschaft kann nur dann gut funktionieren, wenn sich die meisten ihrer Mitglieder die meiste Zeit ›benehmen‹, weil sie freiwillig ihren moralischen und gesellschaftlichen Pflichten nachkommen.«[147] Sollte diese Auffassung auch nur in Ansätzen zutreffen, wäre der an Politik desinteressierte Bürger aufgrund seiner geringen Identifikation mit der Gesellschaft zumindest dann problematisch, wenn er der Regelfall ist.

Der an Politik interessierte aber denkunwillige Bürger ist derjenige, der im Fokus dieser Streitschrift steht. Dieser Bürger interessiert sich zumindest oberflächlich für Politik, nutzt Medien als Informationsquelle und tauscht sich in seinem privaten Umfeld über Politik aus. Er sieht den Einfluss von Politik auf das eigene Leben und hat zumindest in der Hinsicht eine Meinung, als er sich fortwährend kritisch über *die* Politiker und *die* Politik äußert. Und diese Mischung aus pointiertem verächtlichem Statement und einer mit Denkfaulheit gepaarten Uninformiertheit ist es, die den politischen Diskurs massiv belastet. Die beschriebenen Konsequenzen sind feige Politik und eine wachsende Entfremdung zwischen Politikern und Bürgern. Eine weiter wachsende Distanz würde letztlich eine Entwicklung hin zu der von Colin Crouch beschriebenen Postdemokratie befördern, einer Demokratie, die sich immer mehr hin zu einer Elitenherrschaft entwickelt, in der die Bürger lediglich zwischen konkurrierenden Profimannschaften auszuwählen haben und sonst für den politischen Prozess irrelevant sind. Auch hier hätte man, folgt man der eher republikanischen Tradition der Demokratietheorie, Probleme bei der Identifikation der Bürger mit ihrem Staat und ihrer Gesellschaft. Auch hier wäre der Zusammenhalt der Gesellschaft gerade in Krisenzeiten gefährdet.

Der interessierte, mündige und interventionsfähige Bürger entspricht in vieler Hinsicht dem, was in der politischen Bildung Konsens ist, da dieser Bürger sowohl politisch urteilsfähig, das heißt reflektiert, als auch politisch handlungsfähig ist.[148] Politische Urteilsfähigkeit meint dabei, »Politische Ereignisse, Probleme und Kontroversen sowie Fragen der wirtschaftlichen und gesellschaftlichen Entwicklung unter Sachaspekten und Wertaspekten zu analysieren und reflektiert beurteilen zu können.«[149] Und unter politischer Handlungsfähigkeit wird verstanden: »Meinungen, Überzeugungen und Interessen zu formulieren, vor anderen angemessen zu vertreten, Aushandlungsprozesse zu führen und Kompromisse schließen zu können.«[150] Dieser Bürger ist einer, der sowohl auf politische Bildung als auch auf Partizipationsmöglichkeiten angewiesen ist, was auch Jürgen Habermas betont. Das Engagement der Bürger kann man, ihm zufolge, mit der politischen Öffentlichkeit in der antiken *agorá* vergleichen, in der sich ein Bürger zwar für das politische Geschehen interessiert und auch zu einem niveauvollen Austausch fähig ist, aber nicht notwendigerweise versucht, etwas an der Politik zu verändern. Habermas zufolge kann eine Demokratie nur mit einer funktionierenden bürgerlichen Öffentlichkeit und einem geschützten privaten Raum gelingen.[151] Bei ihm genügt es, wenn nur ein kleiner Teil der Gesellschaft diese Öffentlichkeit repräsentiert. Soll dies nicht nur auf eine kleine Gruppe beschränkt sein, sondern soll die gesamte Gesellschaft zur bürgerlichen Öffentlichkeit werden, wäre das wohl kaum zu erreichen. Doch selbst wenn dieses anspruchsvolle Ziel erreicht würde, hätte eine Gesellschaft, die ausschließlich aus solchen Bürgern besteht, ein Problem. Und zwar deshalb, da politische und zivilgesellschaftliche Strukturen nicht funktionieren, wenn es nicht auch Bürger gibt, die sich kontinuierlich aktiv in die Gesellschaft einbringen, die beispielsweise gerade auch Strukturen wie Parteien oder Verbände aufbauen bzw. erhalten, und die gerade dadurch Partizipationsmöglichkeiten schaffen. Wir stimmen Jürgen Habermas also nur insoweit zu, dass eine bürgerliche Öffentlichkeit nötig ist. Darüber hinaus muss die aktive Beteiligung durch einen Teil der Gesellschaft sichergestellt sein. Demnach brauchen wir ergänzend zum interventionsfähigen Bürger auch den Aktivbürger.

Der an Politik interessierte, mündige Aktivbürger bringt sich selbstbewusst und kompetent in der Gesellschaft ein, sei es durch bürgerschaftliches Engagement allgemein oder auch durch politisches Engagement im engeren Sinne. Die Philosophin Hannah Arendt beschreibt in ihrem Buch »Vita activa«[152] diesen Bürger als *handelnden* Bürger. *Handeln* versteht sie dabei als politische Kommunikation unter Gleichen. Arendt verwendet auch den Begriff der *agorá,* anders als Habermas sieht Arendt als Ideal aber den mündigen Aktivbürger. Eine Gesellschaft voller interessierter, mündiger Aktivbürger würde viele der oben beschriebenen Probleme nicht haben. Sie wäre dann eine »starke Demokratie« (»strong democracy«) wie sie sich der amerikanische Politikprofessor Benjamin R. Barber vorstellt. Dies klingt durchaus attraktiv, da hier die repräsentative Demokratie durch partizipative Elemente ergänzt wird. Tatsächlich kann man sich eine Gesellschaft, in der Partizipation quasi zum guten Ton gehört, aber auch als sehr anstrengend vorstellen: Sich ständig mit allen über alles auseinandersetzen zu müssen, kann auf Dauer unerträglich werden, nicht zuletzt weil die eigene Stimme durch eine unendliche Vielzahl anderer Stimmen relativiert wird. Und mit Sicherheit gibt es auch Lebensphasen – zum Beispiel diejenige mit kleinen Kindern – in denen oftmals der Fokus stärker auf das Private als auf das Öffentliche gerichtet sein wird.

Als Ergebnis des Gedankenexperiments lässt sich festhalten, dass eine Gesellschaft in der ausschließlich einer der vier skizzierten Bürgertypen existieren würde, problematisch wäre. Wie viele Bürger der jeweiligen Bürgertypen eine Gesellschaft braucht bzw. vertragen kann, lässt sich nicht abschließend beantworten, da dies letztendlich von der individuell unterschiedlichen Vorstellung einer idealen Gesellschaft abhängt. Wir selbst sehen einen ständigen Austausch über politische Fragen einer größtmöglichen Zahl an Bürgern als die einzige Möglichkeit an, eine gesellschaftliche Entwicklung zu erreichen, die allen Bürgern einen höhere Identifikation mit dem eigenen Staat und damit mehr Partizipation und längerfristig einen höheren Grad an Demokratie möglich macht.

Gleichwohl möchten wir keinen Bürgertypus nahelegen oder gar vorschreiben, da die Selbstbestimmung des Einzelnen nach unserer Auffassung der fundamentale Wert ist, der nicht übergangen werden darf. Wir schließen uns hier der Ansicht des Gießener Fachdidaktikers Prof. Wolfgang Sander an, der ebenfalls der Meinung ist, dass in einer Demokratie gerade die Freiheit zentral sein muss, sich für eine Bürgerrolle zu entscheiden.[153] Man kann dies auch damit begründen, dass erst Freiheit und Autonomie zur Entfaltung innovativer Ideen führen, welche die Gesellschaft benötigt, um den zukünftigen Herausforderungen begegnen zu können und um damit die Stabilität von der Gesellschaft zu gewährleisten.[154] Dennoch stimmen wir persönlich sowohl dem Aufruf von Hannah Arendt »Vita activa« als auch der schönen Formulierung von John F. Kennedy zu: »Ask not what your country can do for you — ask what you can do for your country.« Doch wissen wir auch, dass solche Aufrufe und Formulierungen als Tugendterror empfunden werden können und betonen deshalb, dass es in einer Demokratie sowohl das Recht auf Passivität, politisches Desinteresse, auf borniertem Egoismus als auch auf politische Dummheit geben muss. Aber eben auch das Recht, Passivität, politisches Desinteresse, borniertem Egoismus und politische Dummheit zu kritisieren. Und nach unserer Überzeugung gibt es hierzu nicht nur das Recht, sondern sogar die Notwendigkeit.

Endnotenverzeichnis

1 Pauer 2011, S. 190 f

2 Blome 2011, S. 104

3 zitiert nach Blome 2011, S. 104

4 Patzelt 2009, S. 13

5 Das Seminar mit dem Titel »*Was denken Sie über ...?*« – *Die Befragung in der empirischen Sozialforschung* war als Projektseminar angelegt. Ziel war es, die Grundlagen für ein Argumentationstraining gegen Stammtischparolen zum Thema Politik(er)verdrossenheit zu schaffen.

6 Der Kommentar war über mehrere Monate online – wurde inzwischen aber gelöscht.

7 Dr. Klaus-Peter Hufer (2005) hat ein für uns sehr inspirierendes Argumentationstraining gegen Stammtischparolen entwickelt, bei dem es ihm darum geht, Partei zu ergreifen *für* Menschenrechte, Toleranz, Gewaltfreiheit und eine zivile politische Kultur. Ebenso geht es ihm darum, Partei zu ergreifen *gegen* Diskriminierung, Verachtung Andersdenkender und Andersaussehender, Rassismus, ein Klima von Bedrohung und Gewalt und gegen Rechtsextremismus.

8 Hufer 2005, S. 12

9 Nikolaus Blome (2008), der sich mit Vorurteilen gegenüber Politikern beschäftigt hat, schreibt, es gebe drei Varianten von Vorurteilen: unwahr, unfair und unsinnig.

10 Nach Allport (1954) entsteht soziale Diskriminierung immer dann, wenn man Individuen oder Gruppen die für erforderlich gehaltene Gleichbehandlung verweigert. Für Allport umfasst Diskriminierung jegliches Verhalten, das auf einer Unterscheidung nach natürlichen und sozialen Kategorien beruht, die weder mit der individuellen Leistungsfähigkeit oder den Verdiensten, noch mit dem konkreten Verhalten einer Person in Beziehung stehen.

11 zitiert nach Beck 1991, S. 1302f

12 Sutor 2011, S. 77

13 zitiert nach Wirth 2007, S. 15

14 Scholl 2009

15 Scholl 2009

16 Wirth 2007, S. 16

17 Wirth 2007, S. 16

18 Schmitz 2012

19 Bundeszentrale für politische Bildung 2010, S. 3

20 DIE ZEIT vom 11. Oktober 2012, S. 15

21 Blome 2011, S. 102

22 Geis 2010, S. 3

23 Patzelt 2001

24 Patzelt 2001

25 Die noch laufende Studie des Autors unter dem Titel »Politikverdrossene Lehrer?!« untersucht, was Lehramtsstudierende über Politik wissen und was sie über Politik sowie Politiker denken.

26 Die Items stammen aus der Studie von Patzelt 2005.

27 Patzelt 1999, S. 35

28 Schiele 2009, S. 40

29 Christoph 2012, S. 3

30 vgl. Sutor 2011, S. 10

31 Geis 2010, S. 3

32 Patzelt 2009, S. 14

33 Patzelt 2009, S. 16

34 Reinhardt 2005, S. 130 f

34 Reinhardt 2005, S. 132

36 Die Übung »Die Kunst einen Kürbis zu teilen« stammt aus dem Programm Betzavta von Uki Maroshek-Klarman u. a. (1997).

37 Die Überlegung, bei Verhandlungen nicht die Positionen sondern die Interessen in den Mittelpunkt zu rücken, wird insbesondere vom Harvard-Konzept betont (vgl. Fischer/Ury/Patton 2004).

38 Fischer 2003

39 Hilb 1992

40 Blome 2011, S. 39

41 Blome 2011, S. 69

42 Frankfurter Allgemeine Zeitung vom 06. 05. 2012

43 http://www.gerechte-gesundheit.de/wissen/priorisierung.html

44 Ulrich 1997; vgl. hierzu auch Boeser/Schörner/Wolters 2000

45 Pinzler 2013

46 Uchatius 2013

47 Patzelt 2009, S. 13, Hervorhebung im Original

48 Crouch 2008, S. 10

49 Dausend/Sussebach 2009, S. 13

50 Blome 2011, S. 9

51 Blome 2011, S. 15

52 Patzelt 2009, S. 17

53 Lebert/Willecke 2010, S. 19

54 Dausend/Sussebach 2009, S. 13

55 Geis 2010, S. 2

56 Leicht 2012

57 Watzlawick/Beavin/Jackson 1969, S. 57–61

58 Burow 1999

59 Burow 1999, S. 27

60 Bender/Wiesendahl 2011

61 Michels 1911

62 Gaschke 2010

63 http://www.ifd-allensbach.de/uploads/tx_reportsndocs/prd_1102.pdf (aufgerufen am 12.04.2013)

64 Bundeszentrale für politische Bildung 2010, S. 136

65 Patzelt 2009, S. 16

66 Blome 2011, S. 85

67 Hiermit soll ausdrücklich nicht das Fehlverhalten des ehemaligen Verteidigungsministers Karl-Theodor zu Guttenberg relativiert werden. Gemeint ist hier der Umgang mit der ehemaligen Bildungsministerin Annette Schavan, der auch in der Wissenschaft von vielen als unangemessen hart empfunden wurde.

68 Cicero vom 19. Januar 2012

69 Gaschke 2010

70 http://www.polsoz.fu-berlin.de/polwiss/forschung/systeme/empsoz/ schriften/Arbeitshefte/Oskar_Niedermayer_-_Parteimitglieder_in_ Deutschland__Version_2011.pdf (aufgerufen am 12.04.2013)

71 Maier/Glantz/Bathelt 2009, S. 577; allerdings betonen Maier u. a. auch, dass bislang nur wenige Daten für Deutschland vorliegen.

72 Christoph 2012, S. 6

73 zitiert nach Schiele 2013, S. 9

74 Fuchs/Roller 2008, S. 401

75 http://www.gfk.com/imperia/md/content/presse/pressemeldungen_2011/20110617_trust_index_dfin.pdf (aufgerufen am 12.04.2013)

76 Lorenzo, Giovanni di 2010, S. 1

77 Geis 2010, S. 3

78 Alemann/Klewes 2011, S. 20

79 Alemann/Klewes 2011, S. 22

80 Roth 2011

81 Dienel 2002

82 Roth 2011

83 http://de.wikipedia.org/wiki/Liquid_Democracy (aufgerufen am 25.03.2013)

84 Abels/Bora 2004

85 Roth 2011, S. 27

86 Augsburger Allgemeine vom 10. Juli 2012, S. 1

87 Augsburger Allgemeine vom 10. Juli 2012, S. 5

88 Hier, wie auch bei anderen Themen, werden durch Sensationsmedien Wertungen und moralische Regeln des gesellschaftlichen, sozialen und politischen Lebens unreflektiert verbreitet.

89 Molitor 2011, S. 85

90 Molitor 2011, S. 88

91 Lorenzo, Giovanni di 2012, S. 1

92 Patzelt 2009, S. 13

93 Vortrag auf dem Symposium zur Neuausrichtung der Bayerischen Landeszentrale für politische Bildungsarbeit am 25.02.2013 in München

94 http://de.wikipedia.org/wiki/Beutelsbacher_Konsens (aufgerufen am 25.03.2013)

95 Wehling 1977

96 In den Bundesländern gibt es hier keine einheitliche Namensgebung. Das Fach heißt z.B. Politik & Wirtschaft, Sozialkunde oder Gemeinschaftskunde.

97 Schiele 2013, S. 112

98 Schiele 2009, S. 41

99 Besand 2004, S. 177f

100 Besand 2004, S. 182f

101 Boeser 2002

102 Boeser 2002, S. 248 und S. 254

103 Massing 1995

104 Breit 2009, S. 47

105 Breit 2009, S. 47f

Endnotenverzeichnis

106 Schiele 2013, S. 18

107 Besand 2004, S. 177 f, Hervorhebung im Original

108 Henkenborg 2006

109 Schuchart/Weishaupt 2008

110 Schöne 2010

111 Ein Beispiel für diesen Ansatz ist das Netzwerk Politische Bildung Bayern (http://www.politische-bildung-bayern.net), welches am Lehrstuhl für Pädagogik mit Schwerpunkt Erwachsenen- und Weiterbildung an der Universität Augsburg angesiedelt ist.

112 Gaschke 2010, S. 6

113 Ein Beispiel hierfür ist der vom Netzwerk Politische Bildung Schwaben (http://www.politische-bildung-schwaben.net) entwickelte Leitfaden für Jungbürgerversammlungen.

114 http://www.uni-due.de/biwi/politische-bildung/ (aufgerufen am 05.04.2013)

115 http://www.nacht-der-demokratie.de

116 Über den Einsatz dieses Spiels im Rahmen einer PC-Spiele-Nacht gibt es eine Handreichung: http://www.politische-bildung-bayern.net/images/stories/dokumente/2013/Handreichung_Genius.pdf (aufgerufen am 12.04.2013

117 Das durch die Arbeiten von Dr. Klaus-Peter Hufer inspirierte »Argumentationstraining gegen Stammtischparolen zum Thema Politik(er)verdrossenheit« ist im Rahmen des Netzwerks Politische Bildung Bayern (www.politische-bildung-bayern.net) entwickelt worden. Informationen darüber sind über die Autoren der Streitschrift erhältlich.

118 Pauer 2012, S. 173

119 Pauer 2012, S. 176

120 Pauer 2012, S. 176

121 Pauer 2012, S. 190 f

122 Schiele 2013, S. 20

123 Gaschke 2012, Hervorhebung im Original

124 Augsburger Allgemeine vom 20. März 2012, S. 1

125 Kant 1784

126 Schiele 2013, S. 9

127 Gaschke 2010, Hervorhebung im Original

128 Schiele 2013, S. 56

129 Sutor 2011, S. 19

130 vgl. Sutor 2011, S. 28

131 Sutor 2011, S. 55

132 vgl. Sutor 2011, S. 25

133 vgl. auch Sutor 2011, S. 36

134 http://www.schulz-von-thun.de/index.php?article_id=72 (aufgerufen am 09.04.2013)

135 Schiele 2013, S. 17

136 vgl. Schiele 2013, S. 28

137 Münkler 2007

138 Sander 2007, S. 186

139 Gesellschaft für Politikdidaktik und außerschulische Jugend- und Erwachsenenbildung (GPJE) 2004, S. 10

140 Sander 2007, S. 186

141 zitiert nach http://www.uni-due.de/biwi/politische-bildung/ (aufgerufen am 05.04.2013)

142 In der politischen Bildung wird üblicherweise zwischen drei Bürgertypen unterschieden, dem interessierten Zuschauer, dem interventionsfähigen Bürger und dem Aktivbürger.

143 Beck 1997, S. 21 und 382 f

144 An dieser Stelle ist anzumerken, dass man eigentlich nicht von »dem« Liberalismus sprechen kann. Die verschiedenen Formen des Liberalismus legen verschiedene Ausprägungen eines moralischen Wertekonsenses der Bürger zugrunde. Somit sind die Grenzen zwischen Liberalismus und Republikanismus beziehungsweise Kommunitarismus gelegentlich eine Definitionsfrage.

145 zitiert nach Sagou 2009, S. 105

146 vgl. zum Ganzen auch Sander 2007, S. 46 ff

147 zitiert nach http://www.aksb.de/upload/dateien/tagung-solidaritaet-boeser.pdf (aufgerufen am 09. 04. 2013)

148 Gesellschaft für Politikdidaktik und außerschulische Jugend- und Erwachsenenbildung (GPJE) 2004

149 Gesellschaft für Politikdidaktik und außerschulische Jugend- und Erwachsenenbildung (GPJE) 2004, S. 13

150 ebd.

151 Habermas 1962

152 Arendt 1981 (1958)

153 Sander 2007, S. 49 f

154 vgl. Schnebel 2012

Literatur

Abels, Gabriele; Bora, Alfons 2004: Demokratische Technikbewertung. Bielefeld

Alemann, Ulrich von; Klewes, Joachim 2011: Die Bürger sollen es richten. Politik & Kommunikation, Februar 2011, S. 20–22

Allport, Gordon W. 1954: The Nature of Prejudice. Cambridge

Arendt, Hannah 1981 [1958]: Vita activa oder Vom tätigen Leben. München

Arzheimer, Kai 2002: Politikverdrossenheit. Bedeutung, Verwendung und empirische Relevanz eines politikwissenschaftlichen Begriffs. Wiesbaden

Beck, Ulrich 1991: Die Frage nach der anderen Moderne. In: Deutsche Zeitschrift für Philosophie, Heft 12, S. 1297–1308

Beck, Ulrich 1997: Kinder der Freiheit. Berlin

Bender, Christiane; Wiesendahl, Elmar 2011: »Ehernes Gesetz der Oligarchie«: Ist Demokratie möglich? Aus Politik und Zeitgeschichte – Beilage zur Wochenzeitung Das Parlament, H. 44/45 2011, S. 19–24

Besand, Anja 2004: Angst vor der Oberfläche. Zum Verhältnis ästhetischen und politischen Lernens im Zeitalter Neuer Medien. Schwalbach/Ts.

Blome, Nikolaus 2008: Faul, korrupt und machtbesessen? Warum Politiker besser sind als ihr Ruf. Berlin

Blome, Nikolaus 2011: Faul, korrupt und machtbesessen? Warum Politiker besser sind als ihr Ruf. In: Frech, Siegfried; Juchler, Ingo (Hg.): Bürger auf Abwegen? Politikdistanz und politische Bildung. Schwalbach/Ts., S. 93–104

Blome, Nikolaus 2011: Der kleine Wählerhasser. Was Politiker wirklich über die Bürger denken. München

Bourdieu, Pierre 2001: Das politische Feld. Konstanz

Boeser, Christian; Schörner, Thomas; Wolters, Dirk (Hg.) 2000: Kinder des Wohlstands. Auf der Suche nach neuer Lebensqualität. Frankfurt a. M.

Boeser, Christian 2002: »Bei Sozialkunde denke ich nur an dieses Trockene ...« – Relevanz geschlechtsspezifischer Aspekte in der politischen Bildung. Frankfurt a. M.

Boeser, Christian und Projektteam 2007: Politische Bildung in Bayern vernetzen. Projektbericht – Endfassung. Dokumentation und Auswertung der empirischen Erhebung in Bayern. Augsburg http://www.politische-bildung-bayern.net/images/stories/dokumente/Download/2007_projektbericht.pdf (aufgerufen am 13. 04. 2013)

Boeser, Christian 2011: Service Learning. Erziehung & Unterricht – Österreichische Pädagogische Zeitschrift. 7-8/2011, S. 670–675

Boeser, Christian 2013: Partizipation als Erfolgsbaustein für Vernetzungsprozesse. In: Weber, Susanne Maria; Göhlich, Michael; Schröer, Andreas; Fahrenwald, Claudia; Macha, Hildegard (Hg.): Organisation und Partizipation. Beiträge der Kommission Organisationspädagogik. Wiesbaden, S. 293–301

Bonsen, Matthias zur; Maleh, Carole 2001: Appreciative Inquiry (AI): Der Weg zu Spitzenleistungen. Weinheim u. a.

Bundeszentrale für politische Bildung 2010: Das Image der Politik und der Politiker. Wahrnehmung und Selbstwahrnehmung politischer Akteure. Bonn

Christoph, Klaus 2012: »Politikverdrossenheit«. http://www.bpb.de/geschichte/zeitgeschichte/deutschlandarchiv/61504/politikverdrossenheit?p=all (aufgerufen am 19.03.2013)

Crouch, Colin 2008: Postdemokratie. Frankfurt a. M.

Dausend, Peter; Sussebach, Henning 2009: Draußen im Lande. DIE ZEIT vom 06.08.2009, S. 11–13

Deutscher Presserat 2008: Publizistische Grundsätze (Pressekodex). http://www.presserat.info/uploads/media/Pressekodex_01.pdf (aufgerufen am 20. März 2013)

Dienel, Peter C. 2002: Die Planungszelle. Der Bürger als Chance. Wiesbaden

Fischer, Andrea 2003: Spektakuläre Ruck-Reden sind nicht genug. Politischer Mut muss im Alltag bewiesen werden. DIE ZEIT vom 13.03.2003

Fisher, Roger; Ury, William; Patton, Bruce 2004: Das Harvard-Konzept. Der Klassiker der Verhandlungstechnik. 22., durchgesehene Auflage. Frankfurt a. M.

Fuchs, Dieter 2002: Politikverdrossenheit. In: Greiffenhagen, Martin; Greiffenhagen, Sylvia; Neller, Katja (Hg.): Handwörterbuch zur politischen Kultur der Bundesrepublik Deutschland. 2., völlig überarb. und aktualisierte Aufl. Wiesbaden, S. 338–343

Fuchs, Dieter; Roller, Edeltraud 2008: Einstellungen zur Demokratie. In: Statistisches Bundesamt (Hg.): Datenreport 2008. Ein Sozialbericht für die Bundesrepublik Deutschland. Bonn, S. 397–401

Gabriel, Oscar W.; Zmerli, Sonja 2006: Politisches Vertrauen: Deutschland in Europa. In: Aus Politik und Zeitgeschichte – Beilage zur Wochenzeitung Das Parlament, H. 30-31/2006, S. 8–15

Gaschke, Susanne 2010: Mitmachen? Warum nicht! DIE ZEIT vom 23.09.2010, S. 6

Gaschke, Susanne 2012: Namenlose Furcht. DIE ZEIT vom 15.03.2012, S. 15

Geis, Matthias 2010: Ihr da draußen. DIE ZEIT vom 28.10.2010, S. 2–3

Gesellschaft für Politikdidaktik und außerschulische Jugend- und Erwachsenenbildung (GPJE) 2004: Anforderungen an Nationale Bildungsstandards für den Fachunterricht in der Politischen Bildung an Schulen. Schwalbach/Ts.

Habermas, Jürgen 1962: Strukturwandel der Öffentlichkeit. Untersuchungen zu einer Kategorie der bürgerlichen Gesellschaft. Neuwied/Berlin

Habermas, Jürgen 1983: Moralbewußtsein und kommunikatives Handeln. Frankfurt a. M.

Henkenborg, Peter 2006: Alltägliche Philosophien der politischen Bildung. kursiv – Journal für politische Bildung 2/2006, S. 76–89

Hilb, Martin (Hg.) 1992: Innere Kündigung. Ursachen und Lösungsansätze. Zürich

Hufer, Klaus-Peter 2005: Argumentationstraining gegen Stammtischparolen. Wiesbaden

Kant, Immanuel 1784: Beantwortung der Frage: Was ist Aufklärung? In: Berlinische Monatsschrift 4, S. 481–494

Klinger, Edgar W.; Bierbrauer, Günter 2002: Sozialpsychologie des Verhandelns. In: Haft, Fritjof; Schlieffen, Katharina Gräfin von (Hg.): Handbuch Mediation. München, S. 236–263

Krack-Rohberg, Elle; Weichs, Karl 2008: Teilnahme am politischen und religiösen Leben. In: Statistisches Bundesamt (Hg.): Datenreport 2008. Ein Sozialbericht für die Bundesrepublik Deutschland. Bonn, S. 383–390

Lebert, Stephan; Willeke, Stefan 2010: »Hauen bis die Schwarte kracht«. DIE ZEIT vom 18.03.2010, S. 17–21

Leicht, Robert 2012: Widerworte, bitte! DIE ZEIT vom 19.04.2012, S. 1

Lorenzo, Giovanni di 2010: Trotzdem Respekt! DIE ZEIT vom 26.06.2010, S. 1

Lorenzo, Giovanni di 2012: Das Blatt wendet sich. DIE ZEIT vom 22.11.2012, S. 1

Maier, Jürgen; Glantz, Alexander; Bathelt, Severin 2009: Was wissen die Bürger über Politik? Zur Erforschung der politischen Kenntnisse in der Bundesrepublik Deutschland 1949 bis 2008. In: Zeitschrift für Parlamentsfragen, Jg. 40, H. 3, S. 561-578

Maroshek-Klarman, Uki; Ulrich, Susanne; Henschel, Thomas R.; Oswald, Eva 1997: Miteinander – Erfahrungen mit Betzavta. Praxishandbuch für die politische Bildung. Gütersloh

Massing, Peter 1995: Politik als Kern der politischen Bildung: Wege zur Überwindung unpolitischen Politikunterrichts. Wiesbaden

Michels, Robert 1911: Zur Soziologie des Parteiwesens in der modernen Demokratie. Untersuchungen über die oligarchischen Tendenzen des Gruppenlebens. Leipzig

Molitor, Wolfgang 2011: Politikvermittlung – eine Sisyphusarbeit? In: Frech, Siegfried; Juchler, Ingo (Hg.): Bürger auf Abwegen? Politikdistanz und politische Bildung. Schwalbach/Ts., S. 81-91

Mouffe, Chantal: »Postdemokratie« und die zunehmende Entpolitisierung. Aus: Politik und Zeitgeschichte – Beilage zur Wochenzeitung Das Parlament, H. 1-2/2011, S. 3-5

Münkler, Herfried 2007: Vorsicht vor den Zuckerbäckern. DIE ZEIT vom 11.10.2007, S. 6

Patzelt, Werner J. 1998: Ein latenter Verfassungskonflikt? Die Deutschen und ihr parlamentarisches Regierungssystem. In: Politische Vierteljahresschrift, H. 39, S. 725-757

Patzelt, Werner J. 1999: Politikverdrossenheit, populäres Parlamentsverständnis und die Aufgaben der politischen Bildung. In: Aus Politik und Zeitgeschichte – Beilage zur Wochenzeitung Das Parlament, H. 7-8/99, S. 31-38

Patzelt, Werner J. 2001: Verdrossen sind die Ahnungslosen. DIE ZEIT vom 22. 02. 2001

Patzelt, Werner J. 2003: Parlamente und ihre Funktionen. Institutionelle Mechanismen und institutionelles Lernen im Vergleich. Wiesbaden

Patzelt, Werner J. 2005: Warum verachten die Deutschen ihr Parlament und lieben ihr Verfassungsgericht? Ergebnisse einer vergleichenden demoskopischen Studie. In: Zeitschrift für Parlamentsfragen, H. 36, S. 517–538

Patzelt, Werner J. 2009: Politikfern sind die Ahnungslosen. In: kursiv JOURNAL FÜR POLITISCHE BILDUNG, H. 01, S. 12–17

Pinzler, Petra 2013: Was ist Lebensqualität? DIE ZEIT vom 21. 2. 2013

Reinhardt, Sibylle 2005: Fehlverstehen und Fehler verstehen: Aus Fehlern lernen ist aktives Lernen. In: Himmelmann, Gerhard; Lange, Dirk (Hg.): Demokratiekompetenz. Beiträge aus Politikwissenschaft, Pädagogik und politischer Bildung. Wiesbaden, S. 129–140

Pauer, Nina 2012: Wir haben keine Angst. Gruppentherapie einer Generation. Frankfurt

Roth, Roland 2011: Bürgermacht. Eine Streitschrift für mehr Partizipation. Hamburg

Sagou, Yves-Marius 2009: Die Erziehung zum Bürger bei Aristoteles und Kant. Würzburg

Sander, Wolfgang 2007: Politik entdecken – Freiheit leben. Didaktische Grundlagen politischer Bildung. Schwalbach/Ts.

Schiele, Siegfried 2013: Demokratie in Gefahr? Schwalbach/Ts.

Schiele, Siegfried 2009: Elementarisierung politischer Bildung. Politische Bildung ohne Tiefen- und Breitenwirkung. In: kursiv JOURNAL FÜR POLITISCHE BILDUNG, H. 1, S. 38–43

Schiele, Siegfried; Breit, Gotthard 2008: Vorsicht Politik. Schwalbach/Ts.

Schmitz, Michael 2012: Psychologie der Macht. Wien

Schnebel, Karin B. 2001: El reconocimiento del foráneo (Die Anerkennung des Fremden). Publikation zum Congreso de Cultura Europea, Pamplona

Schnebel, Karin B. 2003: Selbstbestimmung in multikulturellen Gesellschaften. Wiesbaden

Schnebel, Karin B. 2008: Individuelles und kollektiv ausgeübtes Menschenrecht als Selbstbestimmungsrecht. Archiv für Rechts- und Sozialphilosophie (ARSP), Vol. 94/2008, H. 1, S. 26–46

Schnebel, Karin B. 2010: Menschenrechte als Grundlage für Selbstbestimmungsrechte. Archiv für Rechts- und Sozialphilosophie (ARSP), Vol. 96/2010, H. 1, S. 77–86

Schnebel, Karin B. 2012: Examination of multiculturalism in Europe shown at Taylors „Politics of Recognition". Archiv für Rechts- und Sozialphilosophie (ARSP). Vol. 98/2012, H. 3, S. 360–376

Schnebel, Karin B. 2012: Gerechtigkeit, Geschlecht und Selbstbestimmung. Habilitationsschrift an der Johann Wolfgang Goethe-Universität Frankfurt

Schöne, Helmar 2010: Politische Institutionen im Urteil von Lehramtsstudierenden und Lehramtsanwärtern. Gesellschaft • Wirtschaft • Politik. Sozialwissenschaften für politische Bildung, Jg. 59, H. 1, 2010, S. 91–104

Scholl, Wolfgang 2009: Die Psychologie der Macht. Der Tagesspiegel vom 11.08.2009

Schuchart, Claudia; Weishaupt, Horst 2008: Lehrerinnen und Lehrer in der Gesellschaft: Empirische Hinweise zum öffentlichen Engagement. Empirische Pädagogik, H. 22, S. 516–536

Sutor, Bernhard 2011: Politisch Lied – ein garstig Lied? 25 Essays zur politischen Ethik. Schwalbach/Ts.

Uchatius, Wolfgang 2013: Jan Müller hat genug. DIE ZEIT vom 28. Februar 2013, S. 17–19

Watzlawick, Paul; Beavin, Janet H.; Jackson, Don D. 1996: Menschliche Kommunikation. Formen, Störungen, Paradoxien. Bern

Wehling, Hans-Georg 1977: Konsens a la Beutelsbach, In: Schiele Siegfried/Schneider Herbert (Hg.): Das Konsensproblem in der politischen Bildung. Stuttgart

Wirth, Hans-Jürgen 2007: Macht, Narzissmus und die Sehnsucht nach dem Führer. Aus Politik und Zeitgeschichte – Beilage zur Wochenzeitung Das Parlament, H. 11/2007, S. 13–18

Die Autoren

Dr. phil. Christian Boeser
Akademischer Oberrat am Lehrstuhl für Pädagogik mit Schwerpunkt Erwachsenen- und Weiterbildung (Prof. Dr. Elisabeth Meilhammer) an der Universität Augsburg und Projektleiter des Netzwerks Politische Bildung Bayern (http://www.politische-bildung-bayern.net)

Dr. phil. Karin B. Schnebel
Lehrkraft für besondere Aufgaben am Lehrstuhl für Politikwissenschaft (Prof. Dr. Winand Gellner) an der Universität Passau und Lehrbeauftragte am Geschwister-Scholl-Institut der Ludwig-Maximilians-Universität München und an der Goethe-Universität Frankfurt a. M.

MIX
Papier aus verantwortungsvollen Quellen
Paper from responsible sources
FSC® C105338

If you have any concerns about our products,
you can contact us on
ProductSafety@springernature.com

In case Publisher is established outside the EU,
the EU authorized representative is:
**Springer Nature Customer Service Center GmbH
Europaplatz 3, 69115 Heidelberg, Germany**

Printed by Libri Plureos GmbH
in Hamburg, Germany